LIBROS DE ASTROLOGÍA

LAS DOCE CASAS ASTROLÓGICAS

AUTORES:
Américo Ayala
Fabián Vignoli
Iván Toral
Katterine Ropero
María del Mar Tort
Mayte Sánchez
Nadia Cervantes
Patricia Kesselman
Patricio Sepúlveda
Tito Maciá

UNIVERSIDAD CLANDESTINA DE ASTROLOGÍA

Las doce Casas y su significado

Correctora Enriquela Bruni y Tito Maciá
Diagramación y diseño Ricardo Puerta

Published by The Little French eBookstore

Copyright 2018 Universidad Clandestina de Astrología

All rights reserved. No part of this book may be used or reproduced in any manner whatsoever without written permission, except in the case of brief quotations embodied in critical articles or reviews.

Published 2018

Printed by CreateSpace in the United States of America

INDICE

1. Introducción al Sistema de Casas — 5
2. El Nacimiento de las Casas — 11
3. Evolución del Concepto de Casas — 13
4. Los Hemisferios — 15
5. Clasificación de las Casas — 19
6. Casas – Tiempo y Espacio — 23
7. Casas Derivadas — 27
8. Sistemas de Casas — 29
9. Las Doce Casas Astrológicas — 43
10. La Importancia de los Planetas en Cúspides de las Casas — 97
11. Casas con Signos Interceptados — 127

1.- INTRODUCCIÓN AL SISTEMA DE CASAS

Un incontable número de puntos luminosos que parecen eternos, surgen ante nuestros ojos cuando el Sol se retira y llega la noche. Mucho más allá de los confines del universo, las estrellas sirven de pantalla de fondo para el gran cuadro cósmico que envuelve todos los cuerpos celestes, planetas, cometas, asteroides....

Al mirar el cielo, especialmente por la noche, desde las arenas del desierto, el hombre mesopotámico veía lo que, en lenguaje moderno, sería una esfera.

Desde su perspectiva, le parecía que la Tierra era fija y la esfera -que llamamos cielo- giraba alrededor de ella. Y la manifestación explícita de este fenómeno era el nacer y la puesta del sol, día tras día, que servía de frontera para sus actividades cotidianas. El marco físico era el horizonte terrestre, una distante geografía donde él veía el Sol resurgir cada día en el oriente y, en su oposición, en el occidente, desaparecer en las profundidades del universo. De aquí vienen los conceptos de Ascendente-AS (subir) y Descendente-DS (bajar).

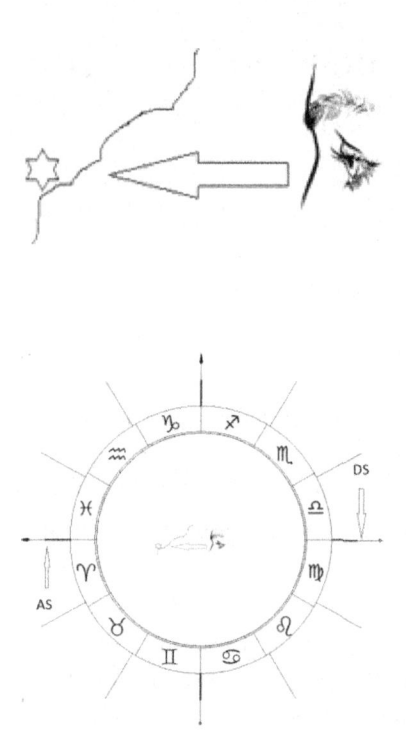

Si el contraste entre el nacimiento y la puesta del Sol eran momentos referentes de la actividad diaria; el ser humano le asoció uno más: el momento en que el Sol alcanzaba un grado máximo de elevación y luminosidad sobre su cabeza, posición que se denominaría, mucho después, Medio Cielo.

Un poco de imaginación bastó para inferir que, habiendo Ascendente y Descendente, así como Medio Cielo, nada más natural que surgiera un cuarto factor, el Fondo del Cielo, el punto más fondo de la esfera celeste.

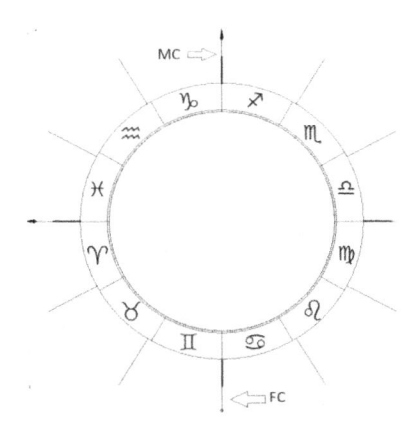

Y así surgieron los hemisferios -asociados a los puntos cardinales- y los Cuadrantes, que dividen los hemisferios en dos porciones:

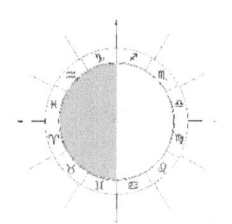

Hemisferio Oriental

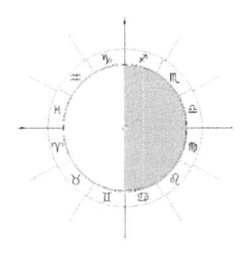

Hemisferio Occidental

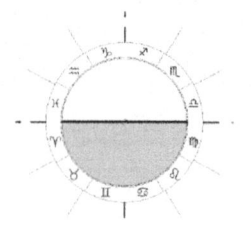

Hemisferio Norte

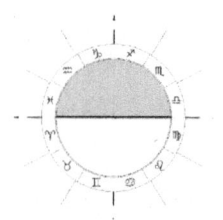

Hemisferio Sur

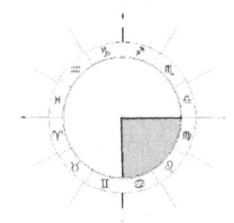

La observación del paso del Sol por el Ascendente, Medio Cielo, Descendente y Fondo del Cielo -que hoy llamamos ángulos- tenía atributos temporales: *"es hora de despertar"*, así como propiedades espaciales, ya que el Sol ocupaba siempre el mismo lugar para un mismo momento de tiempo (con pequeñas variaciones, dependiendo de la estación del año). Fue así como el hombre se concienció del carácter cíclico de los fenómenos celestes.

¡Nacía, entonces, un memorable poema épico! ¡Nacía la Astrología!

2.- EL NACIMIENTO DE LAS CASAS

"Hay doce casas en el cielo", decía Lilly *. Los signos (una franja en el cielo dividida en 12 partes), siempre fueron las casas de los planetas, ubicados debajo de las estrellas, en la "Esfera Celeste".

Pero la analogía entre "Esfera Celeste" (activa y causa de todas las cosas) y "Esfera Terrestre" (pasiva y receptora de la acción del cielo. Por lo tanto, dividida en 12 casas), exigió muchos siglos para que fuera finalmente establecida.

La Astrología Helenística -que consolidó y normalizó la cultura astrológica de origen egipcio- construyó una estructura analógica cielo-tierra, en la que el signo en que cae el grado ascendente define la primera Casa; aunque el Ascendente esté, digamos, en el grado 27 del signo.

En este sistema, si el grado ascendente estaba, por ejemplo, a 24 grados de Acuario y el Sol a 10 grados de este mismo signo, el Sol estaría en la Casa I (y no en la Casa XII, como establecieron los árabes en el Medioevo). **

Aunque el sistema predominante hoy en día en Occidente coincide con el mismo grado del Ascendente en la I Casa, muchos astrólogos de gran calificación continúan utilizando el sistema helenístico, que no deja nada que desear en relación al sistema popularizado por los árabes.

---

* William Lilly, Christian Astrology, 1647

** Existen diversos sistemas de división de casas, tema que será abordado a lo largo de este libro.

3.- EVOLUCIÓN DEL CONCEPTO DE CASAS

Las dos esferas -terrestre y celeste- están en sincronía permanente, lo cual constituye un extraordinario esfuerzo intelectual logrando transferir a las Casas terrestres los atributos característicos de los signos. Pero ¿cómo hacer esta adecuación, satisfaciendo la individualidad de cada carta?

La cuestión se vuelve pertinente a medida que, si tenemos, por ejemplo, Júpiter en Virgo, la calidad de esta relación Planeta-Signo se extenderá a todos los seres vivos que compartan esta relación, sea una persona, un tigre o una flor. Por lo tanto, el proceso de individuación queda perjudicado mientras no dispongamos de un mecanismo confiable que nos permita dirigir la expectativa de la acción planetaria; dado que los Signos son sólo calificativos actuando en un ámbito pasivo (las Casas). Pero, dice Weiss*, *"Si Júpiter se encuentra en la Casa II de una figura natal, actuando en su determinación local (más intensamente) sobre esta casa, entonces, y sólo entonces, nos será lícito deducir con seguridad que su influencia se probará especialmente en los asuntos pecuniarios del nativo "*(ver figura).

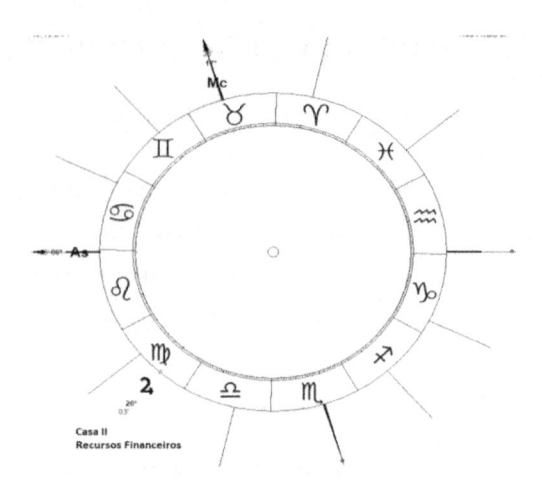

Y el eje AS - DS identifica el plano de intersección entre ambas. Este eje uniformiza los idiomas hablados por el cielo y la tierra, permitiendo que ambos "conversen". - Adolfo Weiss, Astrología Racional, Editorial Kier, 1973

A partir de ahí, cada cuadrante está dividido en tres casas cada uno. Las Casas se separan entre sí por una frontera llamada cúspide, con significados análogos a los signos. Por Ej. Tauro: la Casa II del cielo, contempla contenidos de propiedad. Ya que Aries son los inicios, los comienzos (por lo tanto, Casa I), a él se asociará el Ascendente, el inicio del día, el amanecer, el cuerpo y la mente. A la Casa II, por analogía a Tauro, se atribuyeron los contenidos de recursos financieros, bienes que signifiquen temas que proporcionan seguridad material.

¿El lector, ahora, se sentirá apto para hacer las demás analogías entre signos y casas?

4.- LOS HEMISFERIOS

Un hemisferio es, literalmente, la mitad de una esfera. Y la disposición planetaria en los hemisferios, por sí sola, permite establecer una primera aproximación sobre la lectura de una carta, aunque se dispense identificar los planetas que allí se ubican. (Ver figuras anteriores)

Hemisferio Oriental: Está constituido por la mitad de la carta que comprende la cúspide de la Casa X y termina en la cúspide de la Casa IV, observándose el movimiento en sentido contrario a las agujas del reloj. Tiene el Ascendente como columna de soporte. Este hemisferio concentra la expresión de la identidad personal, es decir, un gran número de planetas aquí favorece el ejercicio de la propia voluntad, la autonomía de que dispone el nativo para determinar su propia agenda, sin demasiados impedimentos a sus intereses.

Hemisferio Occidental: Comprende la parte de la carta que comienza en la cúspide de la Casa IV y termina en la cúspide de la Casa X, en el sentido contrario a las agujas del reloj. Tiene el Descendente como punto focal. La mayoría de los planetas aquí situados demuestran que el nativo no tiene los atributos necesarios para disponer de libertad de acción en el rumbo de sus objetivos.

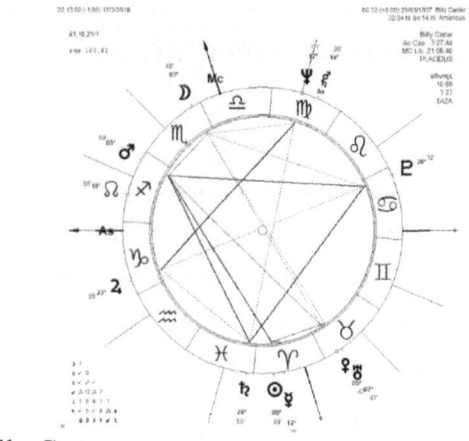

Billy Carter

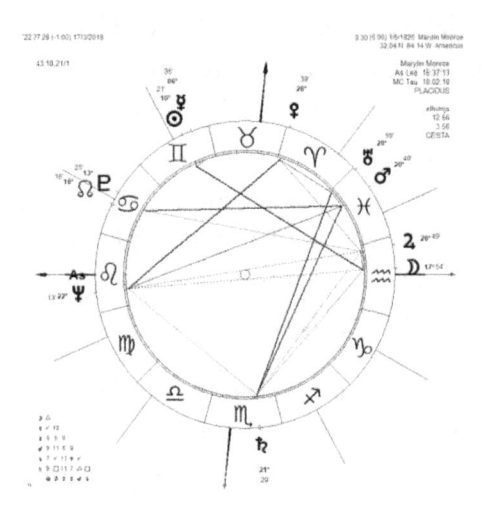

Sus intereses estarán, mayoritariamente, en manos de terceros, lo que le exigirá constante negociación.

Marilyn Monroe

Hemisferio Norte: Corresponde a la mitad de la carta que está debajo de la línea del horizonte, y tiene el Fondo del Cielo como columna de soporte. Los planetas en este hemisferio tienden a actuar de forma menos evidente, menos visible. La mayoría de los planetas aquí muestra a un individuo menos dotado para posicionarse de forma abierta en el medio ambiente en que vive.

Aunque se destaque socialmente, esta persona necesita el recogimiento y las experiencias de la vida doméstica y familiar, incluso de convivencia con la soledad.

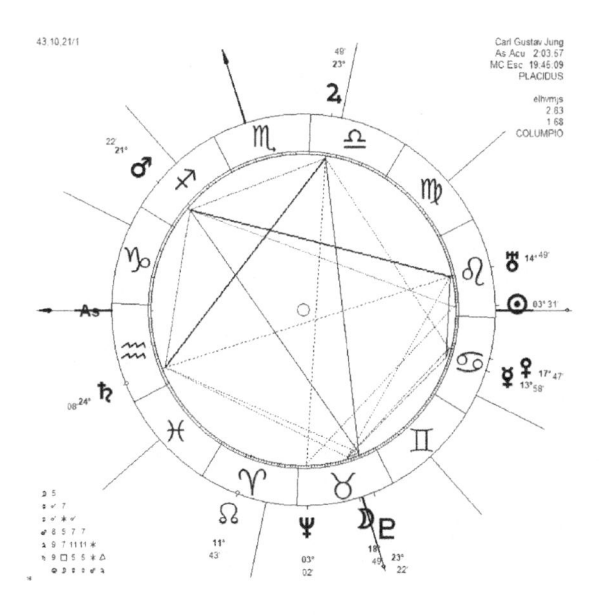

Carl Gustav Jung

Hemisferio Sur: Está constituido por la mitad de la carta que se sitúa por encima del eje Ascendente-Descendente. Tiene el eje del Medio-Cielo como ancla. La mayoría de los planetas situados en este hemisferio muestran a un individuo expuesto al gran público, que se realiza a través de la interacción con la colectividad. A menudo nos muestra individuos cuyo éxito social es visible y explícito.

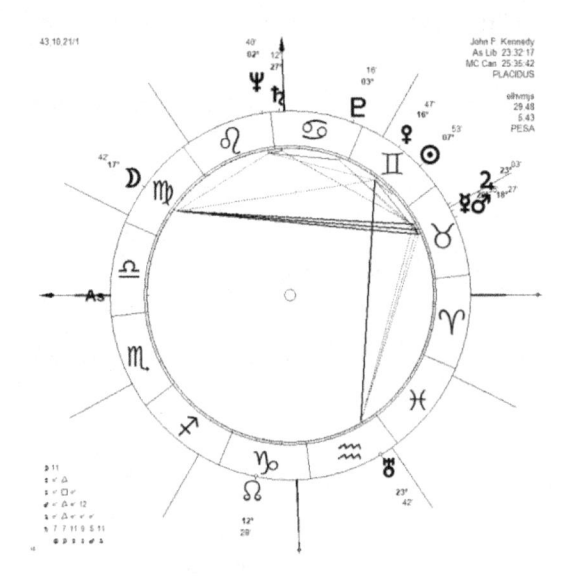

John F. Kennedy

5.- CLASIFICACIÓN DE LAS CASAS

Las casas pueden ser Angulares, Sucedentes y Cadentes.

Angulares son aquellas cuya cúspide son los ángulos, y expresan situaciones de comienzo.

Sucedentes simbolizan preservación e intención de

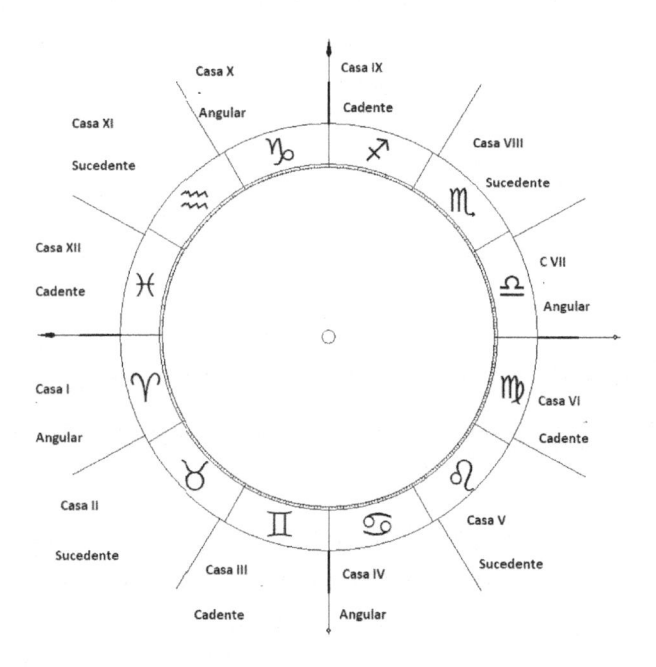

continuidad de lo que se inició en las casas angulares.

Cadentes contemplan la idea de transición y adaptación a nuevas circunstancias.

Las Casas también pueden ser vitales (I-V-IX, referidos a la persona como individualidad), de relaciones (III, VII, XI, porque representan personas o grupos) y emocionales (IV-VIII, XII, que se refieren a vivencias individuales).

Las Casas Astrológicas y la Experiencia del Vivir:

Imagínese en un centro comercial. Varios ambientes estarán despertando su atención, unos más, otros menos. Hay dos salas de cine, una presentando una película de terror, otra una comedia romántica. Una tienda de moda joven, con vendedores jóvenes y vestidos de modo "informal", uno con cabellos pintados de azul, donde se oye música en volumen alto. Más adelante otra tienda de moda más convencional con ropa tradicional. Su mirada recorre ahora la Feria de Comida en donde hay restaurantes orientales de un lado, restaurantes italianos, vegetarianos. En el pasillo lateral hay una tienda de artículos de informática, más adelante otra de joyas y relojes.

Pues bien, la comedia romántica llamó tu atención, mientras que la película de terror fue absolutamente indiferente. La tienda de moda joven mereció una crítica ("podían bajar un poco el volumen"), mientras que la tienda de moda tradicional recibió atención por un tiempo más que superficial. En la Feria de Comida, ni pensar en comida vegetariana ("prefiero una pizza"). Tienda de informática: usted entra y examina virtualmente todo: ¡usted adora la tecnología! Así se suceden las experiencias visuales, intelectuales, etc. que un paseo por el centro comercial proporciona. Ahora bien: acabas, metafóricamente, de vivenciar el simbolismo de tu carta natal. Hay ambientes que te proporcionan experiencias placenteras, otros molestia e indiferencia.

Así es tu carta. En ella encontrarás 12 casas - temas y personas: las tiendas - con las que le gustará lidiar, otras no llaman su atención y, finalmente, algunas le causarán aburrimiento, o angustia, o incluso miedo, por el tipo de asunto que representan.

6.- LAS CASAS, EL TIEMPO Y EL ESPACIO

El cielo, para un determinado momento de tiempo, no cambia a un observador en la tierra, sea donde esté. Pero cambian las casas en la tierra si cambian el tiempo, o cambian el lugar, o cambian ambos.

Carta natal de Lionel Messi, el famoso futbolista argentino, nacido en Rosario, Argentina. Él tiene el Ascendente en 2 Geminis54, el Medio-Cielo en 13 Piscis47.

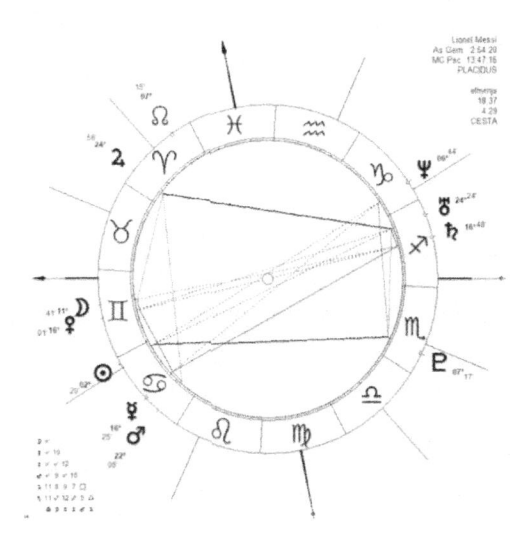

Ahora, para el mismo momento de tiempo (24/6/1987 a las 5: 55) en Nueva York, nace otro niño. Lo llamé Lionel NY.

Este otro niño tendría el Ascendente en 24 Geminis y el Medio-Cielo en 29 Acuario. Algunos planetas cambiaron de casa. Por Ej., la Luna de Messi estaba en la Casa I y en la segunda carta se desplazó a la Casa XII. Neptuno que estaba en la Casa VIII en la primera carta ahora está en la Casa VII

La Luna continúa en el mismo lugar del cielo: 11

Géminis 41, Marte continúa en 22 Cáncer 06 y así con

todos los demás planetas.

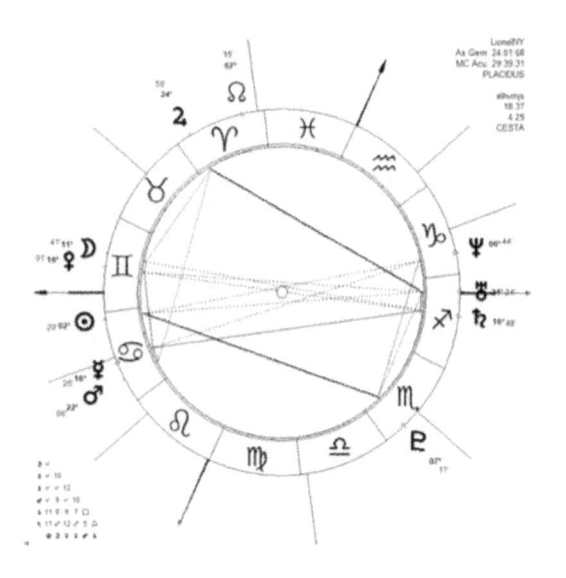

Ahora observé esta tercera carta: se trata de un niño nacido en Madrid aproximadamente un año después del nacimiento de Messi (lo llamé Lionel Madrid):

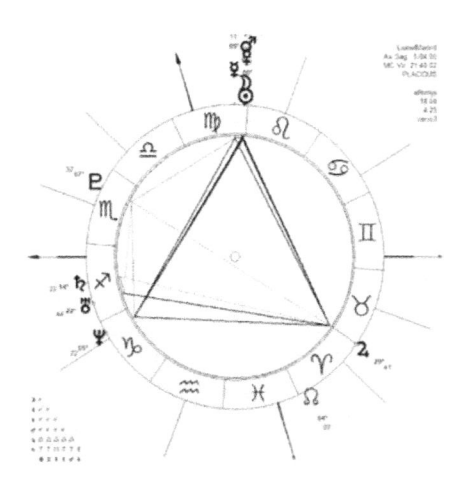

Como se puede observar, cambió todo: AS, MC, Casas y Planetas en el cielo.

Conclusiones:

1) En el mismo momento de tiempo, los planetas no cambian posición. Para un observador en la tierra, desde donde él observe el cielo, cambian los ángulos y casas.

2) Para un mismo lugar en la tierra, los planetas cambian (casi siempre) de lugar para el observador que mire el cielo en momentos de tiempo distintos. Cambian los ángulos y las casas.

3) Para lugares y tiempos distintos la estructura de la carta es única, para posiciones planetarias, ángulos y casas.

¿Entendió ahora por qué somos únicos e irrepetibles? *

7.- CASAS DERIVADAS

Las Casas Derivadas constituyen un poderoso instrumento de expansión de nuestra capacidad de lectura de una carta. En esta modalidad interpretativa, no se puede decir **cómo** es otra persona de acuerdo a las relaciones del nativo, pero se puede tener razonable entendimiento de cómo esta persona es **percibida** por el nativo.

Funciona así: suponga que usted quiere saber cómo Messi "veía" a su madre en lo que se refiere a asuntos financieros. Tradicionalmente la Madre es la Casa X. Luego, la Casa XI (la Casa II a partir de la Casa X) son los asuntos financieros de la madre. La cúspide de la Casa XI está en Aries, y Júpiter está posicionado en la misma. Probablemente Messi "veía" a su madre como una persona que no tenía una buena relación con el dinero, en el sentido de que su indisciplina y natural incapacidad de acumular la inducía a gastos por encima de sus posibilidades. Al mismo tiempo, y curiosamente, Júpiter allí colocado parecía evidenciar que su madre tenía, también, una extraordinaria capacidad de generar recursos financieros, que compensaba su natural tendencia a los gastos excesivos.

Usted puede utilizar este enfoque para cualquier asunto que le interese. Por ejemplo, considerando que la Casa IV significa el padre del nativo, ¿podrías decir cómo

Messi percibía a su padre en cuanto a la administración de los valores personales y familiares?

---

* Para nacimientos en el mismo lugar, en la misma fecha y a la misma hora la Astrología tiene respuesta. Se llaman Gemelos Astrales.

8.- SISTEMAS DE CASAS

Definición:

A la hora de interpretar una carta natal, son muchos los factores a considerar.

Mirando el cielo del nacimiento de cada persona se puede determinar donde se encuentran los planetas por signo zodiacal y cuáles son los grados (aspectos), que pueden existir entre cada uno de ellos

Pero, dependiendo de cuál lugar del globo terráqueo se esté observando, estos se encuentran en posiciones relativas diferentes. Por ejemplo, a las doce del mediodía el Sol en épocas del año está más al este, otras veces hacia el medio cielo y otras veces hacia el oeste. Igual pasa si el mismo día a la misma hora se observa el cielo en diferentes localidades.

De aquí se desprenden los llamados sistemas de domificación o sistemas de casas.

Existen tres ejes importantes: El Eje Ecuatorial Celeste, la Eclíptica y El Horizonte Terrenal.

A manera de ejemplo veremos cómo se mira el cielo desde Caracas.

Las Doce Casas Astrológicas

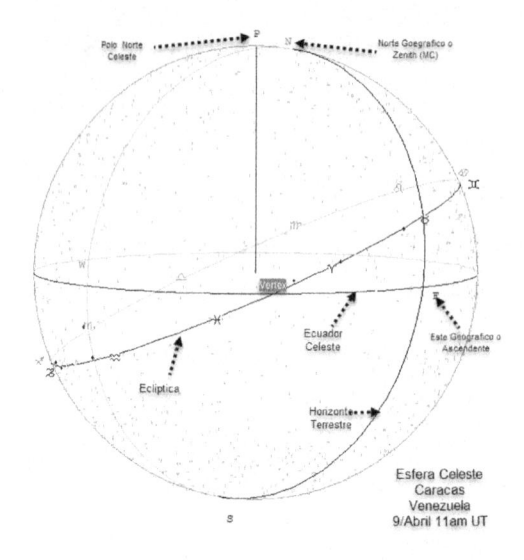

A la misma hora en Santiago de Chile, (hemisferio sur), el Medio Cielo ha cambiado, manteniéndose la eclíptica y el eje ecuatorial celeste igual.

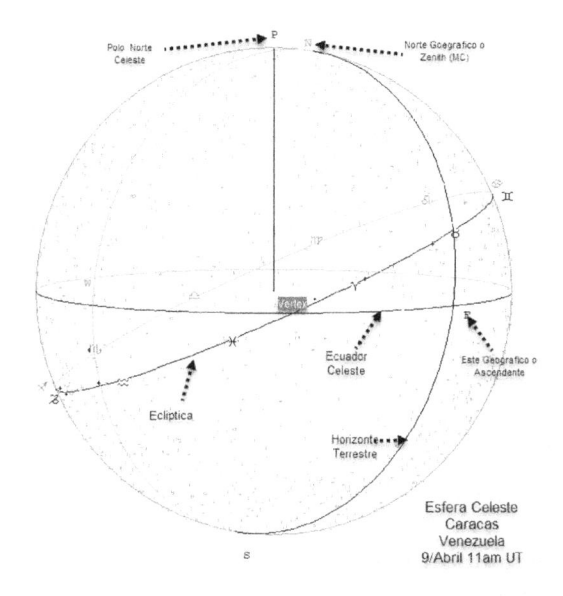

En el hemisferio norte, por ejemplo, en la ciudad de Madrid en España, el cielo se vería de la siguiente manera

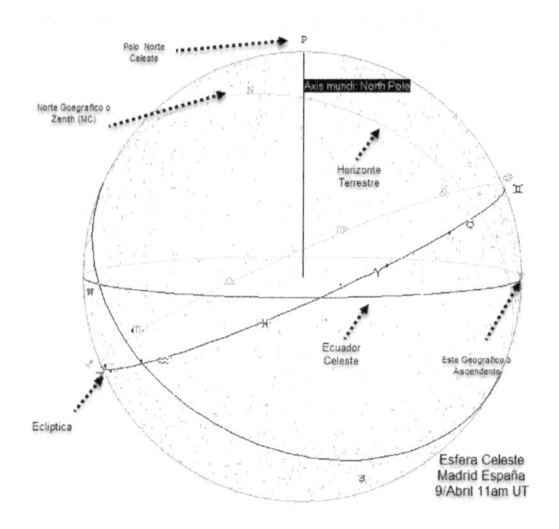

PRIMERAS APROXIMACIONES

En los inicios, los astrólogos utilizaban los sistemas de casas de signos enteros y la de casas iguales

a) **Sistema de Signos Enteros**

 En este caso, el signo que ocupa el Ascendente (signo que ocupa el naciente - Este a la hora de nacimiento) corresponde a la casa I, independientemente del grado en el que se encuentre. El siguiente signo corresponde a la Casa II, y así sucesivamente.

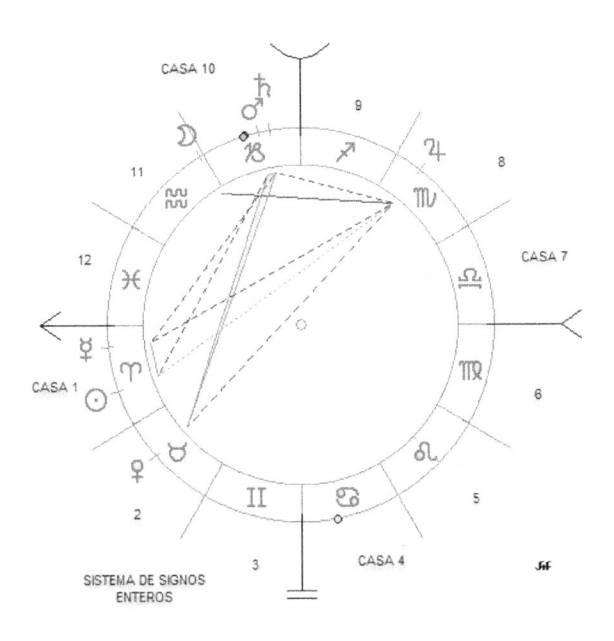

b) Casas iguales

El sistema de casas iguales a partir del Ascendente se le atribuye a Claudio Ptolomeo (siglo II D.C.)

Otros astrólogos como Vettius Valens, también tuvieron en consideración los grados del Ascendente.

En el sistema de casas iguales la eclíptica también se divide en doce sectores de 30° cada uno, pero a diferencia de los signos enteros, la casa I no empieza donde empieza el signo, sino en el punto exacto que marca el Ascendente. Las demás cúspides se sitúan en el mismo grado de su correspondiente signo.

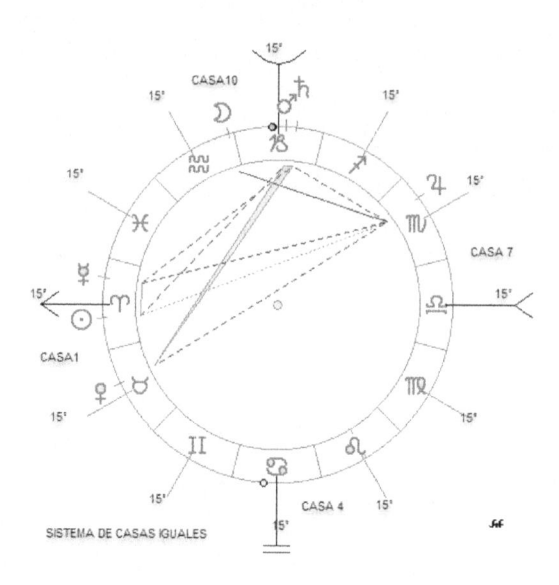

Actualmente la astrología hindú o védica utiliza casas iguales.

Es importante mencionar que, en los sistemas de casas iguales, la cúspide de la casa X no siempre coincide con el Medio Cielo.

SISTEMAS DE CASAS EN LA ACTUALIDAD

A través de la historia se han ido diversificando los diferentes sistemas de casas. Tal vez este es uno de los temas donde más variabilidad existe entre los astrólogos.

En términos generales los podemos clasificar en dos estilos, los que se basan en la división del cielo según se ven en el espacio, y los sistemas de división basados en la posición terrestre.

a) Sistemas Según la División Espacial:
   Estos sistemas toman como referencia un círculo de la esfera terrestre, como la eclíptica, el Ecuador celeste, el Horizonte o la vertical. Cronológicamente entre los más populares están:

   Porphyrius: Utilizado en el siglo III por Porphirius, Estas formas de dividir las cartas de nacimiento fueron de las primeras que consideraban Casas desiguales. Porphirius divide la eclíptica en cuadrantes desiguales a partir de los cuatro puntos cardinales, Asc, MC, Desc y FC. Cada cuadrante, a su vez está dividido en tres sectores iguales.

 - **Campanus:** Utilizado por Giovanni Campano en el siglo XIII. Este sistema coincide con el sistema de Porphirius en que las cúspides de las casas 1, 4, 7 y 10 deben coincidir con los puntos cardinales AC, FC, DC y MC. Pero el sistema Campanus toma como referencia la primera vertical en lugar de la eclíptica. Lo interesante de este sistema es que es el primero que considera el lugar de nacimiento de la persona y las coordenadas locales. El sistema de Campanus divide el plano vertical (círculo vertical Este-Oeste) en partes iguales que al proyectarse sobre la eclíptica se distorsionan formando doce casas desiguales.
 - **Regiomontanus:** El sistema de Regiomontanus es una variante del sistema de Campanus y se basa en el movimiento de rotación diaria de la Tierra. En este caso, se toma como referencia el Ecuador Celeste en vez del

eje este-oeste y se divide en sectores iguales de 30° cada uno, proyectándolos después sobre la eclíptica. Fue desarrollado por Johann Müller Regiomontano en el siglo XV, siendo muy popular hasta mediados del siglo XIX, tambien es muy utilizado en astrologia horaria.

- **Morinus**: Este sistema de casas fue creado por Jean Baptiste Morin en el siglo XVII. El sistema de Morin no considera la latitud geográfica. Se divide el Ecuador Celeste en sectores iguales, tomando los polos de la eclíptica como focos para establecer los seis círculos máximos que seccionan el Ecuador. Los puntos de intersección de estas lineas circulares con las linea de la elíptica (zodiaco) determinan las cúspides de las doce casas.

- **Topocéntrico:** Este sistema de casas mas reciente fue desarrollado por Wendel Polich y Anthony Nelson Page en la década de los 60, siglo XX. Se calculan todas las posiciones planetarias con respecto a un lugar especifico de la Tierra -el punto de vista del lugar de nacimiento de una persona- como centro de observación de toda la dinámica celeste. Toman en consideración el movimiento del lugar geográfico producido por la rotación de la Tierra formando una especie de cono. Las Casas son generadas por la rotación natural del horizonte alrededor de este eje topocéntrico, produciendo un cono de rotación topocéntrico.

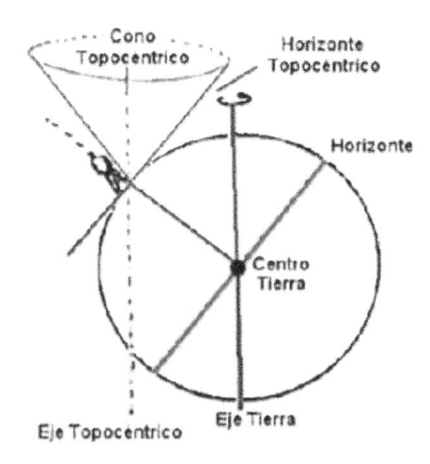

b) Sistema de División Temporal

Los sistemas de división Temporal toman como referencia el tiempo que tarda un punto en recorrer un arco de la esfera terrestre. Entre los sistemas más populares podemos estudiar:

- **Sistema Alcabitus:** Creado Alcabitius (Abd Al Aziz Al Kabisi), quien fue el primero en proponer una división temporal en el siglo X y el primero en considerar la ascensión oblicua. Según Alcabitus, las casas de un mismo cuadrante no tenían por qué ser iguales a diferencia de Porphirius. No dividia el espacio del zodiaco, sino el tiempo que tarda un punto en recorrer un cuadrante. El sistema de Alcabitus calcula el tiempo que tarda un punto de la eclíptica en ir del AC al MC y lo divide entre tres, obteniendo así las cúspides de las Casas XI y XII.

- **Sistema Placidus**: En el mundo occidental moderno el sistema mas utilizados es el de Placidus. Fue desarrollado por Placidus de Titus en el siglo XVII. Se basa utilizando los círculos de declinación para dividir los semiarcos tomando como referencia el Ecuador. Este método de Placidus ganó mucha popularidad gracias a la disponibilidad de sus tablas de Casas, publicadas en el siglo XIX, ya que eran mucho más fáciles de obtener que las de Alcabitus.
- **Sistemas de casas Koch**: Desarrollado por Walter Koch, siglo XX, década de los 60. Utilizado por la escuela Huber. Este Sistema también es conocido como las casas del lugar de nacimiento. El sistema de domificación de Koch es muy similar al de Alcabitus, sólo que se basa en la velocidad del MedioCielo y no en la del Ascendente.

c) Otros Sistemas

Existen muchos otros sistemas de distribución de casas menos utilizados, hasta ya olvidados por los astrólogos:

- Meridiam
- Casas iguales por MC
- Casas iguales por Ascendente
- Dragonicas
- Casas solares con Sol en Ascendente
- Casas solares con Sol en Medio Cielo
- Casas lunares con Luna en Ascendente
- Casas lunares con Luna en Medio Cielo
- Carta con casa I por signo Lunar
- Carta con casa X por signo Lunar
- Sistema Vehlow

- Sistema Sripati
- Sistema Krusinki
- Sistema Jamaspa

Comparación entre los Sistemas

Consideremos a nivel de ejemplo las diferencias gráficas del manejo de diferentes sistemas de casas. Es de hacer notar que en la medida que el sitio de observación esté más cerca de Ecuador tanto terrestre como celeste, las diferencias de grados de las diferentes cúspides no varían significadamente, mientras que en la medida que las latitudes son mayores, las diferencias se acentúan.

El ejemplo a consideración es la comparación de una misma carta natal en día, hora y fecha, entre la domificación según Placidus y la externa según el sistema de Porphirius.

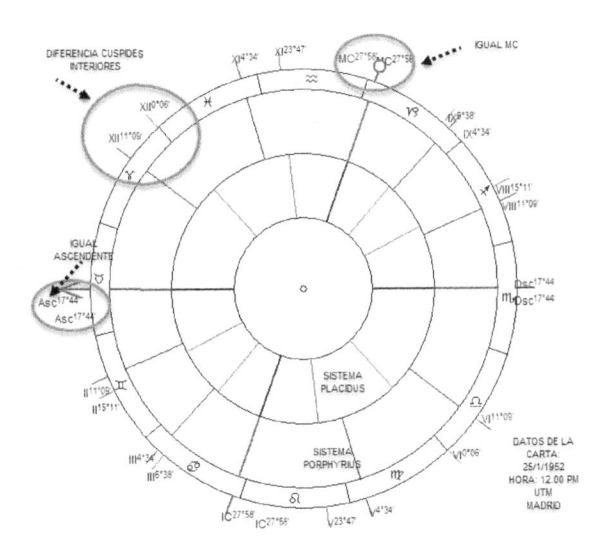

Puede observarse que tanto el Medio Cielo como el Ascendente resultan el mismo, pero las cúspides intermedias son considerablemente diferentes.

Estas diferencias también se evidencian dependiendo las épocas del año, es decir los solsticios y equinoccios.

Se da el caso que, en primavera, en el hemisferio norte en latitudes altas las casas IV-XII son más anchas que las demás, abarcando más de 30° cada una.

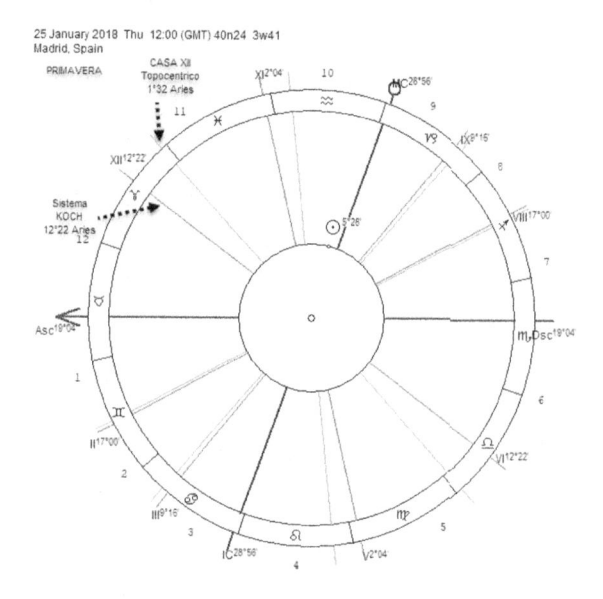

Mientras que, en otoño cambia la distribuciónón de los grados, como se observa en la gráfica.

En lugares cercanos al Ecuador, no se nota tanto las diferencias en las cúspides de las casas calculadas bajo un sistema u otro.

Conclusiones:

Luego de analizar diferentes sistemas de casas, se plantea la pregunta de cuál o cuáles resultan mejor para interpretar cartas astrales.

Esta incógnita resulta ser uno de los problemas que a menudo nos enfrentamos los astrólogos. Son muchos quienes desde la antigüedad vienen trabajando en este asunto ideando sistemas diferentes y proponiendo métodos. Unos más ingeniosos que otros, pero sin llegar a resolver en forma convincente, cuál podría ser el mejor sistema para la obtenciónón de casas astrológicas.

Lo mejor para tratar de resolver este problema es experimentando. La mayoría de nosotros utilizamos normalmente para el calculo de las casas, métodos convencionales del Tipo Plácido o del sistema Koch, sobre todo porque hemos empezado a calcular cartas con efemérides o programas de Astrología que los traen incorporados.

En lugares de latitudes altas como en el caso de Argentina, por ejemplo, muchos astrólogos utilizan el método topocéntrico. Los seguidores de la Escuela Huber consideran el sistema Koch como uno de los más válidos, mientras que la astrología Védica utiliza las casas iguales.

La mayoría de los astrólogos de la Universidad Clandestina de Astrología utilizamos el Sistema Plácidus como el que más se ajusta a nuestras expectativas ajustando los polos (bajo polo) cuando se tratase de latitudes muy altas.

La ventaja de seleccionar un sistema u otro es que la mayoría utilizamos softwares astrológicos donde el pasar de un método de aproximación a otro es sumamente sencillo.

9.- LAS DOCE CASAS ASTROLÓGICAS

Interpretación

Casa I

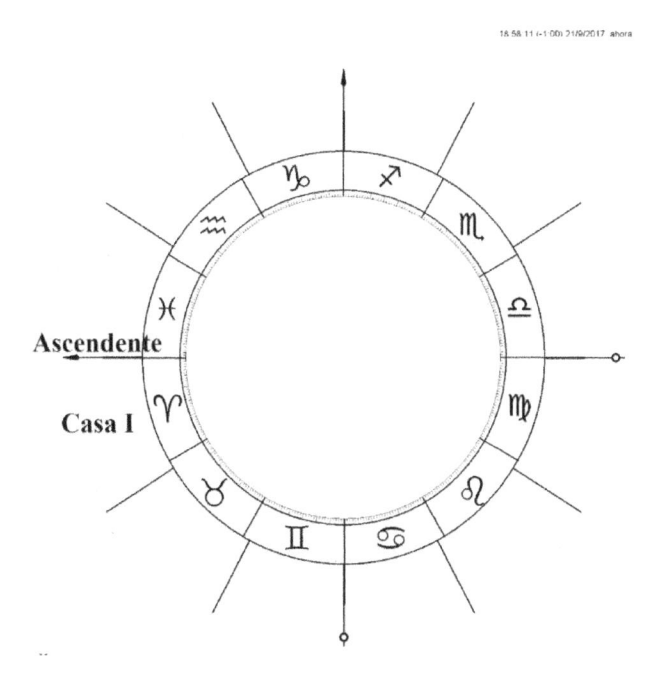

Asuntos Generales:

- Casa Cardinal
- Cuadrante: Primero / Oriental
- Signo natural: Aries
- Regente natural: Marte y Gozo de Mercurio

- Afirmación: *"Yo soy así, este es mi cuerpo"*

Ben Ragel *"Esta Casa es el ángulo oriental, es la **puerta del cielo** y donde está el significado de la pregunta que hace el consultante y sí mismo. Sus características físicas y de todo lo que pregunta y su propia persona. Se refiere al nativo y a su delgadez u obesidad............ Significa la inteligencia y el cambio de posición social, la forma de razonar y de preguntar y la capacidad de comprensión de las cosas, así como sus gustos y lo que le desagrada. Es la Casa del Gozo de Mercurio."*

Ben Ezra *"La primera Casa es el grado del Ascendente y nos muestra cómo será la vida y el cuerpo de cada persona, su forma de hablar, lo que dará de sí y es el principio de toda hora, el pensamiento de cada uno y los primeros años de la existencia."*

Abraham Zacuto *"La Casa I significa la constitución y el gesto, la vida y la ciencia y es general para todas las cosas y pensamientos."*

La Casa I refleja el aspecto físico de cada uno de nosotros, la forma de nuestro cuerpo, la apariencia exterior del Yo, lo que representamos ser en la obra magna de nuestra existencia, el papel que mejor personificamos y que encaja mejor en el mundo en el que vivimos.

El signo y los planetas que se encuentren en esta Casa reflejan las causas por las cuales cada persona se siente impelida a actuar, su temperamento y el carácter que se ha ido configurando después de pasar por las distintas vicisitudes de la vida, lo que ha debido de aprender para superar las experiencias de la vida y las habilidades que se adquieren por la experiencia o el aprendizaje.

En esta Casa se puede observar el aspecto físico, especialmente el rostro, la cara, la manera de moverse y gesticular, el tipo de movilidad y la manera de entrar en acción. En esta parte se reflejan los primeros años de la vida, las primeras luchas por la existencia, los acontecimientos que nos condicionan y que luego nos inducen a elegir en un sentido u otro, las costumbres y los hábitos adquiridos, los obstáculos que con los nos hemos tenido que encontrar y los esfuerzos que se realizan para superarlos.

Personas relacionadas con la Casa I

- Emprendedores
- Organizadores
- Pioneros

Parte de la Vivienda

- Fachada de la vivienda
- Hogar de la Madre

Significados por Casa Derivada

- Abuela paterna (por X de la IV)
- Abuelo materno (por IV de la X)
- Posición social de la familia (por X de la IV)

Las Doce Casas Astrológicas

- Hermanos de los amigos (por III de XI)
- Amigos de los hermanos (por XI de III)
- Muerte del tío y de mascotas (VIII de la VI

| Casa I | El cuerpo, el carácter, las habilidades adquiridas. |

CASA II

18:58:11 (-1:00) 21/8/2017 ahora

Asuntos Generales:

- Casa Sucedente
- Cuadrante: Primero/Noreste/Inferior-Oriental

46

- Signo natural: Tauro
- Regente natural: Venus
- Afirmación: *"Yo me gano la vida de esta manera"*

Ben Ragel: *"Esta Casa es la significadora de la dignidad y del señorío del nacido, de la fortuna en sus bienes, de la época en la que tendrá suerte y la causa por la que la tendrá. También significa la pérdida de suerte y de lo que se pierde después de una adversidad."*

Ben Ezra *"La segunda Casa rige la riqueza, el comprar y el vender, el aprovisionamiento, los ayudantes, los que está dispuestos a escuchar cuando ordene, los testimonios, las llaves y los tesoros. El primer señor de la triplicidad es el significador de la riqueza que vendrá al principio de la vida. El segundo regente de la triplicidad, de la que llegará a mitad de su existencia. El tercero, de la que tendrá al final de sus días"*

Abraham Zacuto. *"La Casa II^a que viene tras la de la vida, es la del dinero y del mantenimiento y si la criatura completará la crianza y la de los valedores del nativo."*

La Casa II es el escenario que nos muestra la manera de satisfacer nuestros instintos básicos, de cómo cubrir nuestras necesidades como es la alimentación y la de poseer para que no nos falte de nada, y el dinero hoy en día es el que nos facilita esto. Es una Casa que también está relaciona con el elemento Tierra, porque su regente natural es Tauro, y nos induce a hacer algo, algo concreto, que en este caso es obtener dinero, guardarlo, gastarlo. Y este dinero nos dará seguridad y nos permitirá disfrutar (su regente es Venus) de las cosas buenas de la vida.

La segunda Casa o sector astrológico, en un nivel básico refleja el nivel las finanzas de cada persona, los bienes adquiridos (menos los bienes inmuebles que se analizan en el sector de la Casa IV), nuestra economía, el sustento material, las rentas, el método y la manera de obtener ingresos. De aquello que ganamos con el sudor de nuestra frente. Si queremos saber sobre el dinero de los demás, lo encontraremos en la Casa VIII. Pero también tiene un significado que refleja el cómo y en qué gastamos nuestro dinero, y cómo lo podemos perder.

La segunda Casa también refleja el estado de nuestra autoestima, nuestros valores, recursos propios. Observando esta casa podremos ver si la persona se valora o no, si se siente satisfecha con lo que tiene o si cree en ella.

Esta Casa también nos permite observar nuestra relación con la comida y la alimentación. Podremos ver cómo nos alimentamos y qué tipo de comida nos gusta.

Personas relacionadas con la Casa II
- Banqueros
- Asesores fiscales
- Propietarios de terrenos
- Cocineros

- Personas al alcance de la mano

Parte de la Vivienda
- Hall
- Despensa
- Caja fuerte

Significados por Casa Derivada
- Amigos de la familia (XI de IV)
- Familia de mis amigos (IV de XI)
- Profesión o posición social de mis hijos (X de V)
- Creaciones profesionales (V de X)
- Muerte y herencia de la pareja (VIII de VII)
- Compañero de hospital/celda o reclusión (III de XII)

Casa II	Adquisición de bienes no inmuebles, el dinero, consumo, lo más inmediato

CASA III

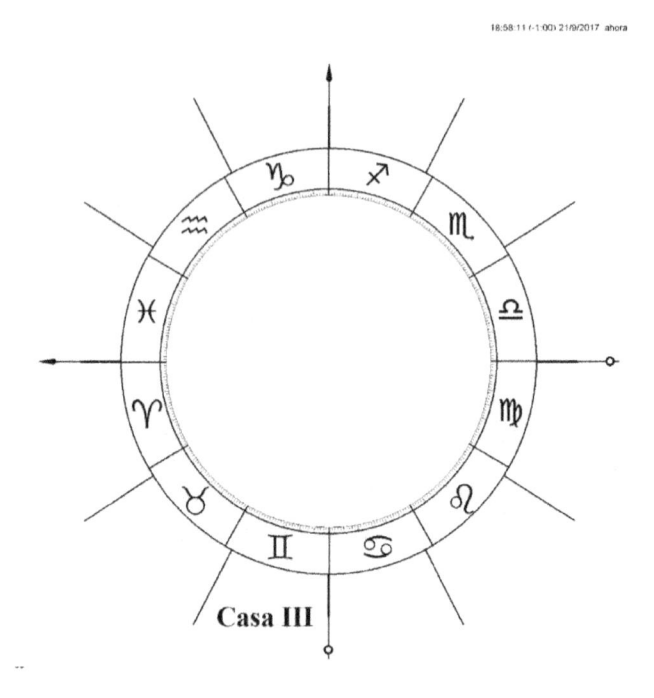

Asuntos Generales

- Casa: Cadente
- Cuadrante: Primero /Inferior-Oriental
- Signo natural: Géminis
- Regente natural: Mercurio y Gozo de la Luna
- Afirmación: *"Yo pienso así y hablo de esta manera"*

Ben Ragel. *"Esta Casa es significadora de los hermanos y hermanas por igual. El Sol y Saturno, con el regente de la primera triplicidad de esta casa significan los hermanos mayores. Júpiter y Marte, junto con el segundo regente de la triplicidad de esta Casa significan los hermanos medianos. Y Mercurio con el tercer regente de la triplicidad de esta casa significan los hermanos menores"*

Ben Ezra. *"La tercera Casa gobierna los hermanos, parientes, novios, sabiduría, pudor, consejo, verdad, letras, rumores que van de un lugar a otro y viajes. El primer señor de la triplicidad es el significador de los hermanos mayores. El segundo, de los medianos. El tercero, de los pequeños."*

Abraham Zacuto. *"La IIIª es la de los hermanos, de los viajes breves, de la ley y de la ciencia"*

La Casa III es el primer escenario que tiene un componente social y que afecta al desarrollo de la personalidad. Aquí se ven reflejadas las características de cada uno de nosotros en relación con otras personas. Es la Casa donde se descubre al otro y nos damos cuenta de que los demás existen en nuestro universo. Además, es la que describe las relaciones con las primeras personas con las que tenemos contacto, independientemente de los padres, que generalmente son los hermanos, y posteriormente pueden ser los primos, vecinos, compañeros de escuela, y más tarde los compañeros de trabajo.

Al darnos cuenta de que en este mundo existen otros diferentes a nosotros, aparece el imperativo de establecer relaciones con ellos que se concretan mediante la comunicación, la cual tiene como herramienta el lenguaje, ya sea escrito o hablado. Por lo tanto, nos indica la capacidad comunicativa, en todas sus formas, como se expresa y como escucha.

Esta casa indica el modo en que aprendemos a comunicarnos y donde nos informamos de nuestro entorno, lo que se puede llevar a cabo a través de cartas, email, radio, teléfono, conversaciones, conferencias, propaganda y publicidad.

También están representados aquí los impulsos que nos llevan al movimiento, por lo que podemos ver los viajes cortos y las preferencias por viajar; la manera en que la persona se transporta de un lugar a otro, como caminar, andar en bicicleta, conducir un auto, ir en trasporte público. Y, por otro lado, la finalidad de esos trayectos, recorrido del hogar al trabajo, viajes de trabajo, viajes de fines de semana

En esta Casa también se refleja la adaptabilidad de la mente para aprender, razonar y para nuevas ideas. Por lo que podría ser un indicador de la capacidad intelectual de la persona, ya que tiene qué ver con la cualidad y actividad de la mente racional y concreta.

Aquí se escenifican los cursos cortos, así como la enseñanza básica de la persona. Incluyendo los colegios o centros donde se dan los cursos de corta duración.

Personas relacionadas con la Casa III

- Hermanos/as
- Primos/as
- Vecinos/as
- Compañeros de escuela
- Compañeros de trabajo
- Amantes

Parte de la Vivienda

- Alcoba
- Dormitorio
- Cama
- Biblioteca
- Estudio

Significados por Casa Derivada.

- Reputación laboral (X de VI)
- Hijos y amantes de los amigos (V de XI)
- Amigos y proyectos de los hijos (XI de V)
- Amistades del novio (XI de V)
- Enemigos ocultos y enfermedades crónicas del padre (XII de IV)

Casa III	Comunicación, aprendizaje, desplazamientos cercanos y hermanos

CASA IV

Casa IV

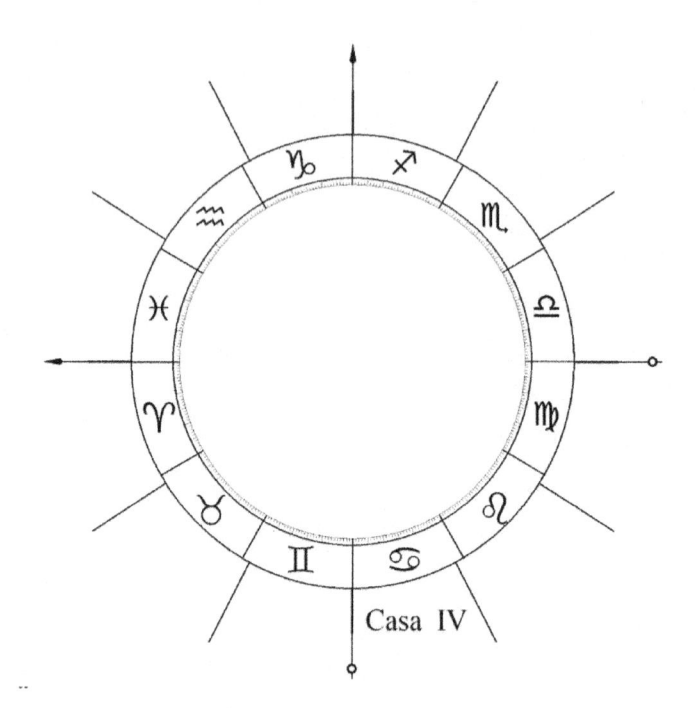

Asuntos Generales:

- Casa: Angular
- Cuadrante: Segundo /Inferior-Occidental
- Signo natural: Cáncer
- Regente natural: Luna
- Afirmación: *"Yo siento así y éstas son mis raíces"*

Ben Ragel. *"Esta Casa significa, sobre todo, el resultado de las aventuras y lances de los padres, y su salud, sus enfermedades y la duración de sus vidas. Los sabios antiguos no coinciden en la significación de esta casa. "*

Ben Ezra: *"La cuarta Casa rige el tema del padre, los campos, las viñas, las casas, las ciudades y construcciones, los escondrijos y todas las cosas ocultas. El primer señor de la triplicidad es el significador del padre. El segundo, de las casas, viñas y campos. El tercero, del final de todas las cosas".*

Abraham Zacuto. *"La IV^a Casa es la del padre, la de las posesiones y del final de todas las cosas."*

La Casa IV es la Casa del padre, representa la base, el hogar, las relaciones con la familia, con los padres, las raíces, el lugar de origen. En este sector se observa los guiones que se aprenden de la familia. En algunos libros se dice que representa a la madre porque está representada por la Luna, además la madre es quien nutre y protege, pero en la astrología tradicional y tal como demuestran los atacires de la muerte, ésta es la Casa del padre, indicando que la Casa cuatro es nuestro origen y quien nos da el apellido es el padre. La maternidad es un hecho notorio, publico como la décima Casa y el padre es un hecho casi misterioso, a veces desconocido, también se indica que la madre es quien establece "las normas de comportamiento", el control de los esfínteres y es la primera influencia socializadora y negadora ya que será quien fije limites, por ello a la madre se la asocia con la Casa X. Este sector va a describir las vivencias que tuvo con la familia en su conjunto, sí eran protectores o sí eran exigentes y los planetas que allí se encuentren describirán dicha vivencia. Por ejemplo, los verá como protectores sí se encuentra la Luna o distantes, fríos y exigentes con Saturno.

Es la segunda Casa angular, la cual invita a la búsqueda de los orígenes. Está en el segundo cuadrante, en la parte inferior donde reafirmamos nuestras raíces, el lugar de procedencia, el yo interno. Es la primera Casa de agua, donde manifestamos las emociones y los primeros sentimientos.

Aquí se observa lo que representa el hogar propio, esas cualidades que tendrá el hogar para cada uno, también su sentido de pertenencia con la tierra que nos vio nacer, nuestros ancestros y su estilo de vida, la forma de refugiarnos cuando queremos escondernos del mundo. Por último, la Casa IV es el periodo final de la vida, después de los 50 años, y también la Casa de los finales.

Personas relacionadas con la Casa IV

- Padres/familia
- Suegra (o)
- Arrendatarios

Parte de la Vivienda

- El edificio donde vivimos

- Cocina
- Las cosas domesticas

Significados por Casa Derivada.

- Dinero de los hermanos (II de III)
- Enfermedades y dificultades de los hijos (XII de la V)
- Posición social de la pareja (X de VII)
- Enfermedades de los amigos (VI de XI)

Casa IV	Hogar, familia, padres, lugar de origen, finales.

CASA V

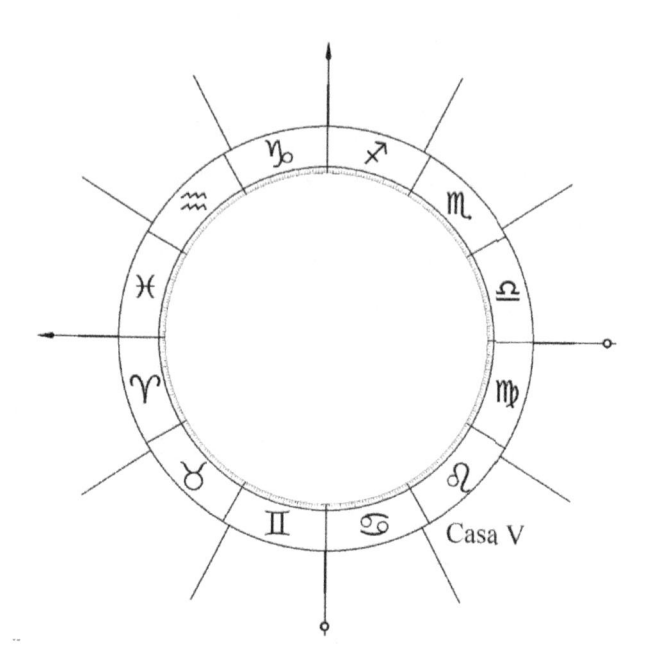

Asuntos Generales:

- Casa: Sucedente
- Cuadrante: Segundo /Inferior-Occidental
- Signo natural: Leo
- Regente natural: Sol y Gozo de Venus
- Afirmación: *"Yo creo, aquí estan mis obras"*

Ben Ragel *"Te conviene mirar el estado de los hijos a través de los planetas presentes en la casa V y en la XI, a través de los planetas que se encuentren, por aspecto en oposición a estos lugares; considerando a la Luna, Venus y Júpiter la significación de tenerlos y ser muchos. Y a partir del Sol, Marte o Saturno considerarás dificultad para tenerlos o de ser pocos."*

Ben Ezra: *"La quinta Casa gobierna a los hijos, el placer, los presentes, las mensajerías, el trigo y el patrimonio del padre. El primer regente de la triplicidad es el significador de los hijos. El segundo, del placer. El tercero, de las mensajerías."*

Abraham Zacuto: *"La V^a, de los hijos, los placeres, los vestidos y de todas las cosas relacionadas con los vicios."*

La Casa Quinta es como un salón de baile donde lo lúdico es el objeto central. La palabra "lúdico" proviene del latín "ludus" que significa juego. Una actividad lúdica es todo aquello que se realiza en un tiempo libre como hobbies, pasatiempos, lo que más nos gusta hacer.

Desde la tradición se sabe que este sector del cielo astrológico rige las obras y creaciones de todo tipo. La acción creativa de esta área del cielo puede escenificarse de distintas maneras. Por ejemplo, a través del erotismo y la sexualidad, una expresión eminentemente biológica cuyo propósito es la reproducción, la perpetuación de la especie, la transmisión de información mediante los hijos. En esta zona observamos el modelo de hijos, el nexo que se nos sostendrá con ellos y todo lo que nos atañe con respecto a éstos.

Para alguna personas, los hijos se reemplazan por alumnos y en este tramo del cielo apreciamos cómo es el vínculo con éstos o qué prototipo de alumnos se tendrá. Para otras personas, en esta Casa salen a relucir sus amistades íntimas, los seres a través de los cuales se comparten confidencias y se pueden llegar a sostener relaciones sexuales. En otro sentido, esta porción del firmamento contempla la correspondencia que hay entre nosotros y las parejas de nuestras amistades y las consideraciones que tenemos con las amistades de nuestra pareja.

Lo que se encuentra en esta zona es origen del incremento de los ahorros y las inversiones de todo tipo. Por ello, esta Casa tiene una afinidad con el signo de Leo.

En esta área se conoce la predilección a la hora de decorar y amueblar la sala-comedor del hogar, acerca del lugar central, más significativo o sencillamente más iluminado del sitio donde se habita.

La atmósfera de la Casa Quinta también puede ser la proyección del centro profesional, el consultorio de un médico o la sala de yoga de un instructor. Todo lo que se determine como "el centro".

Personas relacionadas con la Casa V

- Hijos

- Amistades íntimas
- Amores sexuales
- Alumnos

Parte de la Vivienda

- Sala comedor
- Salón principal de la casa
- Salón de juegos

Significados por Casa Derivada

- Bienes del padre, II de IV
- Trabajos no remunerados; XII de VI
- Pareja de los amistades; VII de XI
- Amigos del socio, XI de VII
- Amigos de la pareja, XI de VII

Casa V	Hijos, amistades íntimas, creaciones, ahorros, inversiones

CASA VI

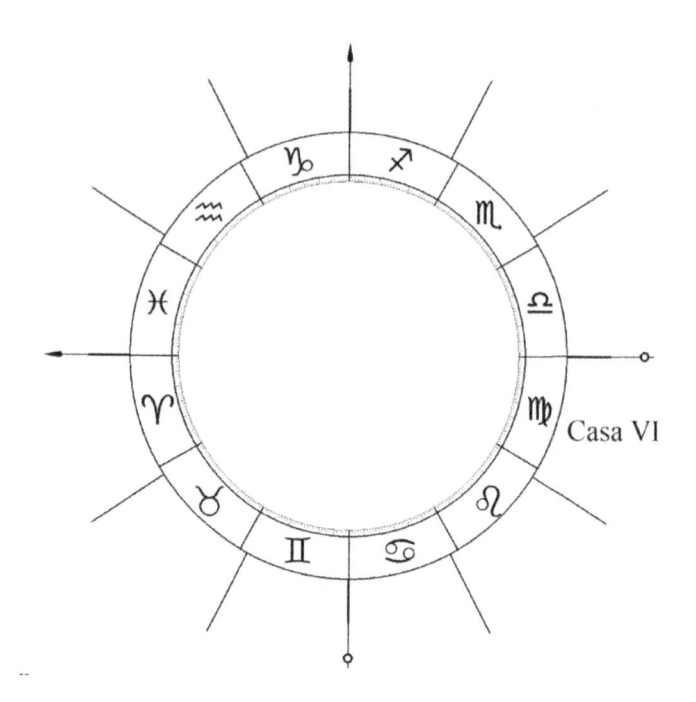

Asuntos Generales:

- Casa: Cadente
- Cuadrante: Segundo /Inferior-Occidental
- Signo natural: Virgo
- Regente natural: Mercurio y Gozo de Marte
  Afirmación: *"Yo sirvo para esto, estas son mis habilitades"*

Ben Ragel. *"Sobre las perturbaciones y accidentes que acaecen en el espíritu, es decir, las enfermedades del espíritu. Después hablaré de las que acaecen al cuerpo, y luego sobre los demás significados de esta Casa y lo que tiene relación con ella. Conocerás las perturbaciones y accidentes del espíritu a través de Mercurio y de su estado con respecto a la Luna y las relaciones de ésta con Mercurio..."*

Ben Ezra: *"La sexta Casa indica las enfermedades que duran mucho, los sirvientes, el ganado menor, la cárcel, las malas mezclas y las falsedades. El primer regente de la triplicidad es el significador de las enfermedades y las taras. El segundo, de los sirvientes. El tercero nos dice si dichos sirvientes serán buenos o malos."*

Abraham Zacuto: *"La VI[a] de las enfermedades, de los servidores y esclavos, del ganado menor y de ciencias pequeñas; particularmente, todas las Casas que se apartan de los ángulos significan ciencia."*

Este segmento del cielo es análogo al concepto del signo de Virgo en los temas de la vida humana.

Es un sitio de sumisión y obediencia. De acuerdo a la tradición, era la Casa del cautiverio, de la esclavitud. Actualmente es la Casa de los que nos sujeta, como puede ser la atadura al trabajo o el servicio y la cautividad que significa tener en casa una mascota o una planta. Recordemos que la Astrología es un lujo y hasta hace cinco centurias, era exclusiva para el Rey y Su

Majestad que no trabajaba, tenía servidumbre y se le interpretaba el tipo de personal que tenía a su servicio.

En este fragmento de la banda celeste se habla de todo lo que nos hace sufrir una relativa pérdida de libertad a causa de los deberes. Esta es la Casa de los compromisos que nos conducen a efectuar actividad física o mental, que provocan dar energía a cambio de algo como dinero o confort, convirtiéndose de esta forma en la casa de los intercambios, de los canjes.

Esta Casa enuncia las obligaciones que contraemos, la función laboral a la que nos dedicamos, de la función personal que nos adjudicamos con mayor predilección, lo que tenemos a nuestro cuidado, aquello para lo que estamos suficientemente preparados y que somos capaces de ejercer, así como nuestra actitud psicológica de frente al quehacer laboral.

En esta región de la carta astral se pueden ver proyectadas nuestras inclinaciones para con la atención al cuerpo, el mantenimiento de la salud, cómo nos cuidamos y la proclividad a ciertos padecimientos físicas o mentales que pueden implicar una sujeción. A su vez, están presentes en esta Casa, las dietas.

Por otra parte, simboliza lo que está a nuestro encargo, trabajadores, asalariados, subalternos, así como mascotas y que se encuentran bajo nuestra custodia.

Las personas que ejecutan su acto en este escenario son los hermanos del padre y la familia política de la madre. En lo que concierne a sitios, rige lo que acontece en el hogar de los hermanos, en el del amante o en el de la novia.

En este compartimiento celeste se pueden identificar las preferencias a la hora de elegir ropa para vestir, así como las mutaciones que se van dando con el paso del tiempo.

Para muchas de las personas que poseen un Índice de Destino alto, dicho sea de otra manera, que no necesitan de prácticamente nadie para organizarse y resolver de qué manera deben ser sus hogares, la Casa VI es el cuarto adjunto a la recámara principal en la que se haya enganchado el vestuario, en el que se utiliza la plancha; por otro lado, están las personas de Índice de Destino medio, la Casa VI son los closets o roperos y también los gallineros, si se poseen.

Del mismo modo, en esta parcela astrológica, se pueden conocer las tendencias a malestares físicos, enfermedades agudas o leves o que obligan a cuidarse. También se contemplan en este lugar, los empleos pagados, medios de transporte de la industria, camionetas, furgonetas y también las viviendas rodantes, si se tienen.

Personas relacionadas con la Casa VI

- Tíos, tías
- Empleados
- Mascotas

Parte de la Vivienda

- Clósets, roperos, armarios y vestidores.
- Cuarto de servicio o habitación de la servidumbre.
- Sitio donde colocamos implementos de limpieza o jardinería

Significados por Casa Derivada.

- Viviendas rodantes, III de IV.
- Hogar de los hermanos, IV de III.
- Tíos, III de IV.

Casa VI	Tíos, empleados, ropa, clósets, mascotas, plantas.

Casa VII

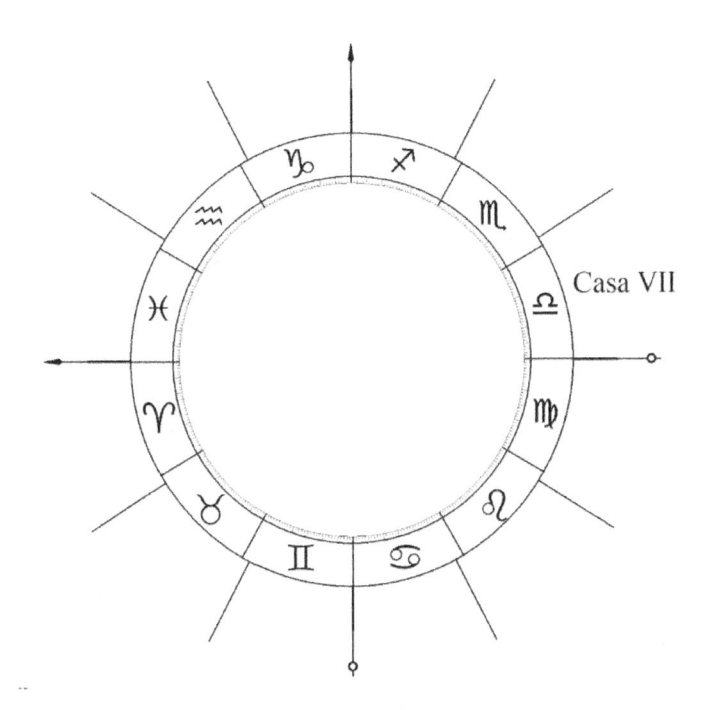

Asuntos Generales:

- Casa: Angular
- Cuadrante: Tercero /Superior-Occidental
- Signo natural: Libra
- Regente natural: Venus
- Afirmación: *"Yo comparto así y prefiero este tipo de pareja"*

Ben Ragel. *"Mira en la cuestión del matrimonio el signo de la Casa VII y su regente, los planetas que se encuentran en la Casa VII, la Luna, Venus, la Parte del Matrimonio y su regente, y si encuentras todos estos significadores o la mayoría de ellos o cualquiera de ellos que tenga mayor testimonio en la figura, en los ángulos, libres de infortunas y de la retrogradación, o de encontrarse en combustión, y aplicando al regente del Ascendente, significa ventura, bien y ganancia en asuntos de matrimonio; que el nativo amará a las mujeres y las perseguirá. Más si el regente de la Casa VII forma aspecto aplicativo al regente del Ascendente, significa que las mujeres amarán al nativo e irán en pos de él.*

Cuando el signo de la Casa VII sea signo de hermosura y de buena disposición y de pulcritud —que son Géminis, Virgo, Libra y Escorpio, y siguen a éstos en hermosura y pulcritud, aunque en menor medida que aquellos, Tauro, Sagitario y Capricornio— o se encuentre en alguno de estos signos el regente de la Casa VII, o Venus, o la Luna, significa que aquel nativo tendrá mujer hermosa, bella y pulcra. Cuando esto ocurra en nacimiento femenino, tomando al Sol en vez de la Luna, significa que aquella mujer tendrá marido hermoso y pulcro."

Ben Ezra: *"La séptima Casa indica las mujeres, el acostarse un hombre con una mujer, las discusiones y batallas, el comparecer ante la justicia, los ladrones, los compañeros y los intercambios comerciales. El primer señor de la triplicidad es el significador de las mujeres. El segundo, de las batallas. El tercero de la compañía."*

Abraham Zacuto: *"La Casa VII^a es la de las mujeres, de las batallas y de los enemigos públicos porque está en oposición al Ascendente; y es también la de los compañeros."*

La Casa Séptima son un ejemplo de las predilecciones inherentes a Libra en la vida cotidiana. Es un foro dinámico en el que se viven experiencias de ensanchamiento de las relaciones humanas. En este "set" es donde vamos al encuentro con otras personas, encontramos aliados o enemigos abiertos, gente que impulsa nuestros proyectos o gente que se opone abiertamente a éstos

La Casa VII es un sector de acuerdos, diálogo, negociación, de relaciones y de la misma forma de los temas que se generan a razón de estas relaciones como pueden ser los conflictos, los litigios, pleitos, juicios y escisiones.

En este sector celeste se examinan las inclinaciones que nos llevan a elegir o seleccionar pareja, socio o colaborador y todo aquello que represente mantenerse comprometido por contratos legales o que perduran con el tiempo.

Es aquí donde se expresa la proclividad hacia la sociabilidad, el trato formal, la cordialidad, la manera en que se establecen vínculos con otros, al que hace de "media naranja", con los que elegimos asociarnos por afinidad y la forma en la que lo hacemos. En este sector se puede ver el tipo de socio o cónyuge con el que se comparte la existencia.

En otro sentido, se puede observar también aquí lo que la persona considera enemigo, es decir, los que se ponen enfrente, rivales, adversarios, con los que nos contrastamos, con quienes nos confrontamos, los enemigos abiertos, las peleas conyugales y los divorcios.

Este escenario nos señala todo lo relacionado a contratos, documentos, arreglos, condiciones, pactos, negociaciones y tratos de palabra con los demás. Así como los probables resultados de estos, que pueden derivar en juicios y pleitos.

En la Casa VII se muestran las expresiones y actividades públicas en las que se puede llegar a representar a otros, como los cargos públicos por asociación. A su vez, es el foro de todas las consultas.

Los personajes de la familia que salen a escena en esta Casa son las abuelas y todos los sobrinos.

En el hogar predispone a poseer una segunda recámara que puede ser el cuarto de los niños o de huéspedes.

Personas relacionadas con la Casa VII

- Pareja
- Socio
- Enemigos abiertos
- Abuelas
- Sobrino

Parte de la Vivienda

- Segunda recámara
- Recámara de los ninos
- Recámara de huéspedes
- Estudio

Significados por Casa Derivada.

Casa VII	Pareja, socios, enemigos abiertos, litigios, segunda recámara.

CASA VIII

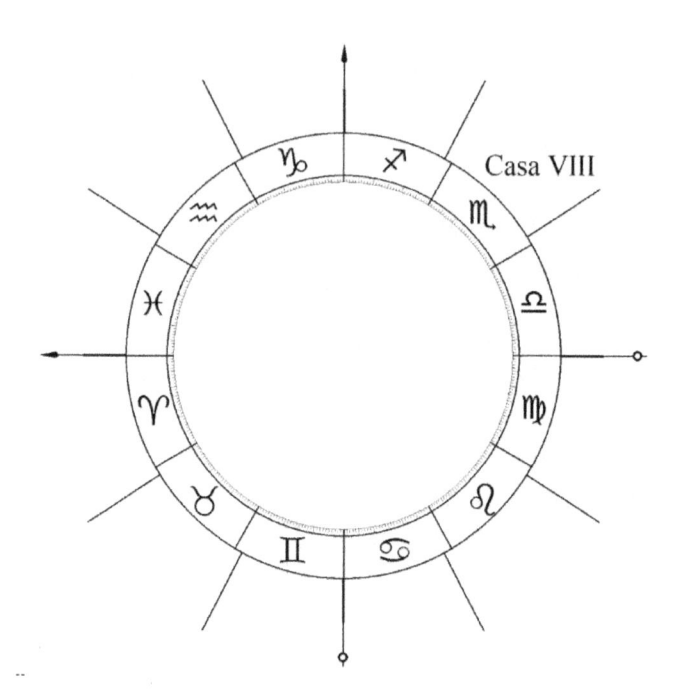

Asuntos Generales:

- Casa: Sucedente
- Cuadrante: Tercero /Superior-Occidental
- Signo natural: Escorpio
- Regente natural: Plutón /antiguo Marte
- Afirmación: *"Yo deseo lo que hay aquí"*

Ben Ragel. *"La casa VIII hace referencia a la muerte y por ella se llega a conocer la muerte del nativo; de qué manera ocurrirá y por qué causa o enfermedad; si morirá de buen modo y con holgura económica o por el contrario ocurrirá de forma poco agradable y en la pobreza; si morirá en su ciudad o fuera de ella; si morirá rodeado de sus parientes o sin ellos".*

Ben Ezra. *"La octava Casa rige la muerte y las herencias, la despedida y la partida, el temor, la tristeza, la pérdida. El primer regente de la triplicidad es el significador de la muerte. El segundo, de las cosas antiguas. El tercero, de las herencias".*

Abraham Zacuto. *"La Casa VIIIª es la de las cosas perdidas, de la muerte y de las herencias."*

La Casa VIII es un sector de agua, por tanto, refleja la parte emocional de cada uno de nosotros, la necesidad de satisfacer los instintos, lo deseos más ocultos. Es un escenario misterioso. Es la Casa de la transformación, de la crisis y de la muerte. Las muertes de la Casa VIII no solo se refieren al fin de la existencia, sino las diferentes "muertes", pérdidas o renuncias, que tendremos que experimenta en la vida al finalizar cada ciclo.

La Casa VIII tiene relación simbólica con el signo de Escorpio, un signo "poderoso" al que le gusta el poder en todas sus formas. Aquí se observa si el modo en que se usa el poder interno, el poder de entregarse a los demás, el poder de influenciar al otro. Este es el escenario del poder tras del poder.

Aquí se puede observar la capacidad de regeneración ante las crisis en la vida, también se puede observar la videncia y conexión con el poder oculto personal, los deseos y fantasías sexuales, cual es nuestra actitud y gustos ante el sexo y la forma de fusionarse con otro. En esta Casa se reconoce el tipo de persona que nos despierta el deseo sexual, las personas que nos atraen indebidamente y nos pueden llevar a cometer excesos. El planeta regente o los planetas allí ubicados mostrarán este tipo de atracción, si está Saturno, puede gustarle las personas mayores, si es Mercurio los jóvenes, si es la Luna refleja mucha oralidad, por esos a algunos hombres les gustan las señoras con grandes pechos, mientras que a otros les provoca rechazo, si es Plutón puede haber pulsiones anales notables y de eso modo los distintos planetas allí ubicados nos informa de los deseos sexuales de cada persona.

Cualquier planeta que se encuentre en este sector adquirirá una energía semejante a la que conocemos de Escorpio. Por ejemplo, una persona con su Sol allí podría desarrollar un fuerte carácter, con una gran capacidad regenerativa no solo a nivel físico sino a nivel de "salir de las crisis y resucitar de sus cenizas", recuperarse de pérdidas que podrían ser la del padre, por ejemplo. Tienden a ser personas entregadas y apasionados a la causa que les motive, evidentemente otorgaran mucha importancia a la entrega íntima y disfrutaran enormemente de ser "personas influyentes "en el mundo donde se desarrollen. Pueden tener capacidades de videncia o intuición y podrían tener carreras muy relacionadas al signo de Escorpio, como por ejemplo Bancos, seguros, bolsa de valores, cirujano, investigador en toda su amplitud, psicólogos, astrólogos, ginecólogos, sexólogos, etc.

Es el sector más relacionado con la muerte así que también indica como podría ser la muerte de la persona o la circunstancia en que esta ocurra de manera literal. Por ejemplo, alguien que tenga su Marte natal allí es posible que su muerte sea de forma rápida, contundente como un accidente de tránsito o una subida de tensión, un asesinato. Los diferentes cambios que se tienen en la vida son en sí pequeñas muertes y los planetas que se tengan en este sector indicara la actitud que se tomara en esa circunstancia de la vida. Los planetas allí ubicados reflejan muertes de mayor o menor importancia, además de la muerte personal están todas las muertes a las que tenemos que asistir.

Es la Casa de las herencias entonces por tanto informará sobre la posibilidad de recibirla. Esta opuesta a la Casa II, relacionada con los valores propios, entonces la VIII serán los valores de los demás, lo que ganamos de las consultas. El compartir con otros (finanzas de socios, parejas). La facilidad que se tiene para el manejo de las finanzas de los otros.

En resumen, es una Casa que está relacionado con lo que se desea, así que por ejemplo alguien que tenga su Sol allí, deseara sentirse importante y ser alguien notable en la sociedad donde se desenvuelva.

Personas relacionadas con la casa VIII

- Consuegras
- Hermanos de padre, hermanastros
- Padres de amigos
- Personas muy tóxicas o dañinas

Parte de la Vivienda

- El baño, retrete
- Las antigüedades
- Las segundas viviendas
- Bodega, refugio

Significados por Casa Derivada.

- Ciencias ocultas por XII de IX
- Finanzas de pareja o socios (II de VII)
- Beneficios por comisiones o consultas
- Ganacias del socio y la pareja
- Propiedades de los hijos (IV de V)
- Los amigos del padre (XI de XI)
- Viajes largos con dificultades (VIII de IX)

Casa	Herencias, legados, sexualidad, muerte,

VIII	personas muy tóxicas.

CASA IX

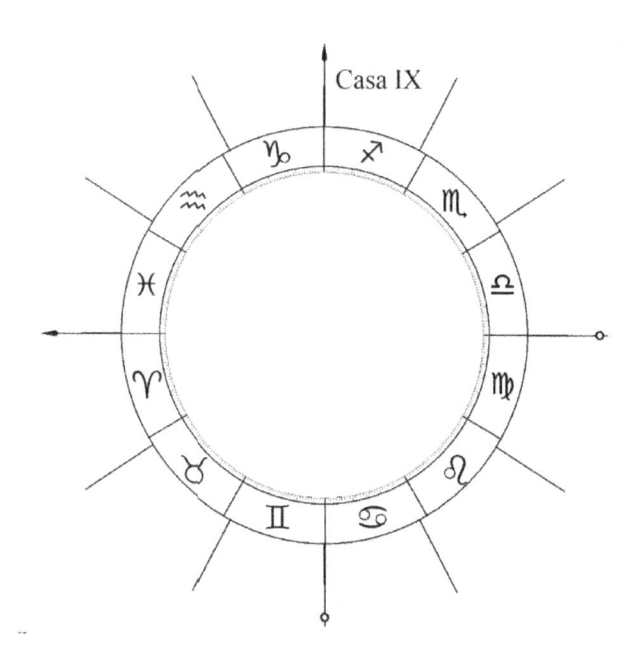

Asuntos Generales:

- Casa: Cadente
- Cuadrante: Tercero /Superior-Occidental
- Signo natural: Sagitario
- Regente natural: Júpiter y Gozo del Sol
- Afirmación: *Esta es mi ley y mi religión*

Ben Ragel. *"La Casa IX es para saber sobre los viajes que hará el nativo, observa en primer lugar los regentes de la triplicidad de la casa IX: Si el primero de ellos se encuentra en buen estado celeste, con poder, afortunado y en recepción, esta persona viajará y se trasladará de un sitio a otro, y tendrá suerte y se manejará bien en sus viajes y en sus mudanzas. Si se encuentra en situación distinta de la descrita, le ocurrirán tropiezos y pesares en estas circunstancias; y en ellas será despreciado, y le echarán o le expulsarán de sus tierras, o será desterrado de su lugar natal, y no hallará en sus viajes ni oficio ni beneficio.*

Asimismo, en esta Casa está todo aquello que se refiere a la Astrología, la Astronomía y la adivinación, los libros y los recuerdos de las cosas pasadas, así como las narraciones, los sueños y descifrarlos y la sabiduría que se le atribuye a alguien, si es una ciencia verdadera o falsa.

Significa la alquimia, los presos, los cautivos y los desterrados, también los embaucadores, esos que reúnen a las personas y les dicen algunas bromas para ganar algo de ellos, también los encantamientos y quienes los practican y las sutilezas del engañar.

Significa también guardar secretos y encubrirlos y servir a los reyes. Y es el significador de la parte media de la vida del hombre. Y los cuñados de la persona.

- Los cuñados de la persona pueden ser de dos tipos; los hermanos de la pareja o la pareja de los hermanos. En el primer caso el hermano de la pareja, la Casa III (hermanos) de VII (pareja) es la Casa IX, y el segundo caso, la pareja de los hermanos es Casa VII de III, es decir, Casa IX igualmente. - Es muy importante tratar de entender este sistema pues es lo que permite tramar guiones astrológicos cercanos al hiperrealismo.

Ben Ezra. " *La novena Casa rige a todo aquél que sufrirá una merma en su honor, la sabiduría, la fe, el servicio de Dios, las mensajerías, las noticias nuevas, los sueños, las señales de prodigios, las sentencias y los juicios. El primer señor de la triplicidad es el significador de los caminantes. El segundo, de las creencias. El tercero, de la sabiduría.*

Abraham Zacuto. "La Casa IXª es la de las ciencias, de los viajes lejanos, de la navegación y la de las casas de oración y de las leyes."

La Casa IX es una plataforma filosófica - especulativa, el portal de las creencias del tipo que sean, donde cada uno de nostros ejercemos nuestra maestría y difundimos nuestra ley, donde se teoriza, se experimenta y se inventa, y donde pueden apreciarse los resultados de los logros en este terreno.

Este es el sector astrológico donde salen a escena los estudios superiores y especialidades, así como todo lo que nos condiciona en este sentido, viajes, universidades, iglesias, profesores, etc.

Este es el escenario de la más alta meta espiritual, o intelectual, en esta Casa se escenifica la presencia del maestro superior, de maestro del tipo que sea, que puede estar escenificado por una o varias personas en concreto, o puede ser escuchado en el silencio interior como la "voz de la conciencia" el guía, que ayuda a la realización de los más altos ideales.

Por otra parte, la Casa IX es el escenario donde se representa lo más alejado, lo exterior, lo que se halla a gran distancia, los países extranjeros, los lugares que son desconocidos al individuo, así como las gentes que de ellos provengan, los desplazamientos hacia esos lugares y todo lo que con ello se relaciona.

En esta Casa se pueden reconocer el tipo de viajes de turismo o peregrinación o hacia lugares desconocidos (los viajes a lugares conocidos están representados en la casa III) y los lugares más alejados que visitaremos a lo largo de la vida, cuando lleguen los atacires correspondientes.

Los planetas situados en la Casa IX, adquieren un significado que los relaciona con lo más alejado, con lo exterior, el extranjero, los viajes largos. En este sector astrológico sale a escena todo el simbolismo propio del signo Sagitario, es por ello, se trata de una casa muy activa, en el que realizan actos de exteriorización, de irradiación, un lugar donde se manifiesta lo más elevado de la voluntad, la energía más sutil y pura.

En esta Casa también se puede atisbar la tendencia a asistir a un tipo de espectáculos u otros, a un tipo de culto religioso, una misa u otra, pues antiguamente la Casa IX representaba a la iglesia y al culto con sus misas, y era el trefeljo de la capilla o altar que cada uno tenía en su casa. Hoy día, con el advenimiento del satanismo, la Casa IX escenifica su influencia desde un impersonal mueble de pared, donde se depositan las fotos y los objetos de los viajes y en cuyo centro está el dios actual, el dios que domina a la sociedad del siglo XXI, ahora Dios se ha transformado en un aparato de T.V. y la misa cantada ha derivado en la asistencia a grandes espectáculos sustitutorios, como pueden ser los conciertos de Rock, donde la Bestia encarnada por Madonna ejerce su fascinación.

En esta zona del cielo astrológico está diseñado el arquetipo que conforma el "modelo de hombre" según terminología de Castaneda y por lo tanto el modelo de devoción. Así que, cuando la Luna esté presente en esta casa se puede esperar que la persona sienta devoción por la Virgen María o cualquier otro arquetipo femenino y maternal, mientras que quienes tengan a Saturno, tenderán al dogmatismo y la ortodoxia.

El escenario de la Casa IX es el lugar donde podemos encontrarnos con los cuñados y toda la familia política, aquí están nuestros nietos y también nuestros maestros.

En el mueble del salón comedor, donde está el aparato de TV, se van depositando los restos de los viajes que nos hacen sentir orgullosos. Es posible que algunas personas pongan sobre ese mueble alguna medalla dorada honorifica, sino suya de algún personaje admirado, o bien una imagen de Buda, si le atrae el budismo, o del Sagrado Corazón de Jesús si se siente cristiano, siempre podremos localizar la imagen de su dios solar, pues en esta Casa está el Gozo del Sol.

- Viajes
- Peregrinaciones
- Espectáculos
- Misas y partidos de futbol

Personas relacionadas con la Casa IX

- Maestros de todo tipo
- Extranjeros
- Cuñados
- Familia política
- Nietos

Parte de la Vivienda

- Puerta
- Capilla
- Mueble del salón con TV y souvenirs

Significados por Casa Derivada.

- Lugar físico del trabajo por IV de VI el hogar del trabajo

Casa IX	Las maestrías, lo extranjero, jueces, catedráticos y clérigos. Iglesia. Universidad. Juzgado. Estaciones. Autopistas.

CASA X

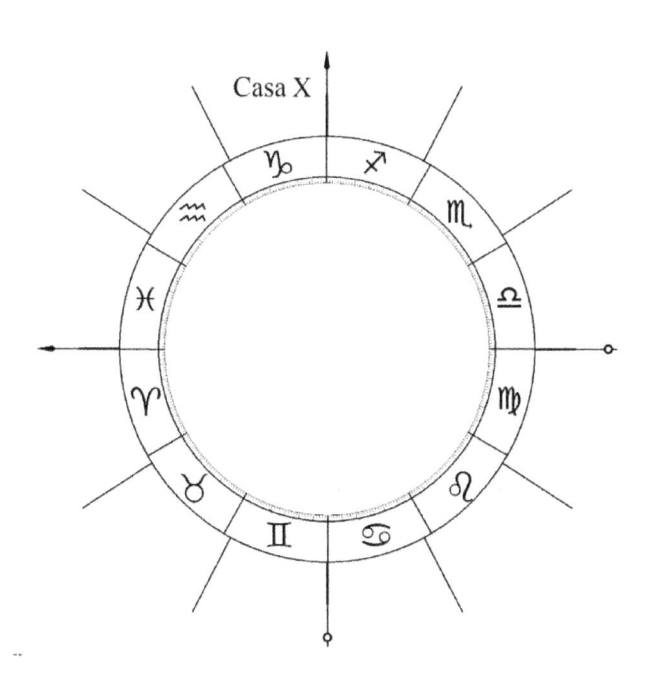

Asuntos Generales:

- Casa: Cardinal
- Cuadrante: Cuarto
- Signo natural: Capricornio
- Regente natural: Saturno
- Afirmación: *"Yo Ambiciono"*

Ben Ragel. *" La Casa X es para cuando quieras saber las cosas que le ocurrirán al nativo relacionadas con el rey, con el prestigio social, la nobleza, la alcurnia, con los oficios, con los territorios que pueden darle para gobernar sobre ellos, y con las profesiones, primeramente debes observar estas cosas a través del primer regente de la triplicidad de esta casa; si lo encuentras en buen estado y con poder, elevado y afortunado, y se encuentra en el Medio Cielo o en el Ascendente, juzga que aquel nativo obtendrá prestigio, territorios, señoríos que alguien le concederá para llevarlos, mandará gente y tendrá autoridad sobre ella, y obtendrá honores y alto nivel, y el favor del rey y de lo que al rey se refiere, y tendrá el privilegio de poder acercarse al rey. Y si el significador se encuentra en distinto estado de lo que dijimos, le ocurrirán tropiezos y tendrá disgustos de parte del rey, por cuestiones del rey y siempre será desgraciado y temeroso por culpa del rey y despreciado, despechado por él y por sus cosas."*

Ben Ezra. *"La décima Casa indica la muerte y el reino del monarca, la fama, los menestrales y los oficios. El primer regente de la triplicidad es el significador de la madre.*

El segundo, del encumbramiento. El tercero, de los oficios".

Abraham Zacuto. *"La Casa X^a es la del reino y señorío, de la honra, del oficio y de la madre."*

La Casa X es el escenario que nos muestra las posibilidades de desarrollo social y profesional que puede alcanzar una persona, y la forma como tenderá a ejercer los roles sociales o profesionales y la dignidad o el status social.

Esta es el área de máxima exteriorización de cada persona y su inmersión en el mundo social y por lo tanto más alejado de la vida íntima.

Por eso se la asocia con el status y la posición social, como así también el cauce que tome la vida expresada en una perspectiva de desempeño en el mundo exterior. El potencial que tenemos para alcanzar logros en el ámbito social y el escalamiento a posiciones de poder, son los que se pueden observar en esta área de la carta, por eso su asociación con cargos de jefatura y de autoridad, cuya máxima expresión la representaría el gobierno de una nación. También se asocia con la madre por la impronta formativa que se supone que esta provee desde la niñez.

Después de recorrer los tres cuadrantes anteriores que va desde el nacimiento, pasando por el desarrollo de habilidades comunicacionales y de interacción de la juventud y además de construir y formar familia (casa VII), la persona enfrenta el último cuadrante de culminación de sus esfuerzos materiales y mentales para alcanzar los logros materiales que conlleva la casa X y cuarto cuadrante.

Los signos y planetas que se encuentren en esta Casa reflejarán en modo en el que cada uno enfrentamos en esta área de la vida.

En consecuencia, cada planeta será un reflejo de aptitudes o características tiene cada persona para darle expresión a esta área de vida, y su matización con el signo nos permitirá ver como esa energía se expresará en el ámbito de trabajo o posición social.

Personas relacionadas con la Casa X

- Madre
- Jefe
- Personas de Autoridad
- Suegro

Parte de la Vivienda

- Lo que cuelga de los techos, lámparas.
- Techos, tejados bohardillas.

Significados por Casa Derivada.

- La muerte de los hermanos o vecinos, la destrucción de cartas de herencia de hermanas y vecinos (por VIII de III)
- Los contratos del padre, enemigos declarados del padre, los procesos del padre, los socios del padre (por VII de IV)
- El bisabuelo paterno. El padre del cónyuge (IV de VII)
- El dinero que proviene de los viajes (II de IX)

Casa X	Lo que se hace para alcanzar éxito y posición social.

CASA XI

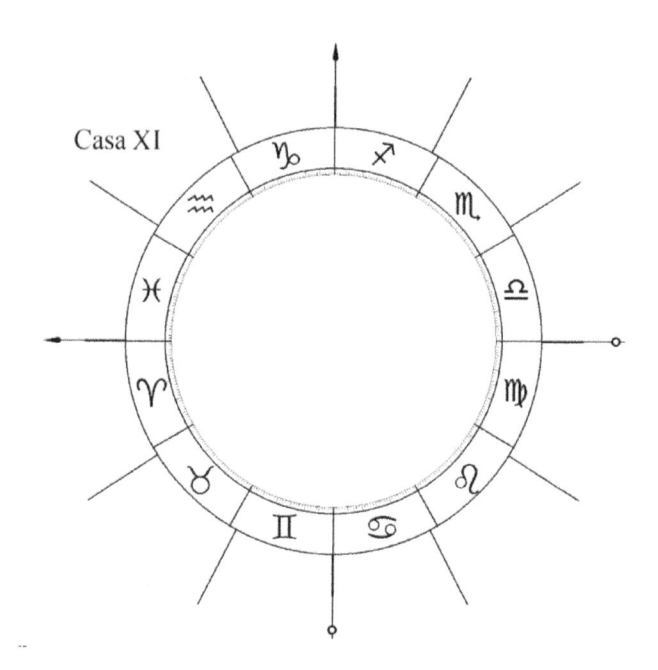

Asuntos Generales:

- Casa: Sucedente
- Cuadrante: Cuarto /Superior-Oriental
- Signo natural: Acuario
- Regente natural: Urano y Gozo de Júpiter
- Afirmación: *"Yo lo sé"*

Ben Ragel: *"Ante todo, para los asuntos de esta Casa XI, observa al primer regente de su triplicidad; si está en recepción, afortunado y apoderado, considera que el nativo tendrá muchos amigos, tendrá ganancias, provecho y beneficios a través de sus amigos y de los que le quieren bien. Si se encuentra infortunado y dañado, el nativo se apartará de los hombres, no hará amistad ni acuerdo con nadie y se apartará de los que buscan su amor y compañía."*

Ben Ezra. *"La undécima Casa significa el honor y la buena reputación, las esperanzas, los amigos y compañeros, los grandes señores, escribanos del rey y tesoreros y los que guardan la ropa del monarca. El primer señor de la triplicidad es el significador de las esperanzas de la mente. El segundo, de los compañeros. El tercero nos indica si dichos compañeros serán buenos o malos".*

Abraham Zacuto. *"La Casa XIª de los amigos, de los caballeros, de los tesoros del rey, de la buena fama y de la esperanza."*

La Casa XI es la Casa de la comunicación social y de las relaciones interpersonales libres, porque aquí elegimos la compañía que elegimos tener. Es el lugar en el que compartimos con los demás lo que somos. Es donde nace la energía de grupo, y aportamos nuestro granito de arena. Representa el intento de trascender nuestra identidad en cuanto ego, para llegar a ser algo más de lo que somos y buscar mayor seguridad y un sentimiento de identidad más sólido. Por lo tanto, aquí se ve nuestra capacidad para la amistad, la integración y vida social, si prefiere actuar solo o en grupo; la actitud hacia los amigos y conocidos; lo que se busca en los amigos; las relaciones sin lazos emotivos, sin necesidad de vínculos íntimos, escogidos de manera voluntaria, no contractuales, informales; el modo en que se viven las amistades; nuestro círculo de amigos; los clubes sociales a los que pertenecemos.

En la undécima Casa se encuentra el anhelo de trascender o llegar más allá del modelo existente en nosotros mismos, anhelamos un ser más ideal, por eso a esta Casa se le asocia con las esperanzas, las metas, los anhelos y los objetivos. Estos no son más que ideas que teníamos en la Casa X y que hemos concentrado (como en todas las Casas sucedentes) para tener anhelos y esperanzas para el futuro, que pueden ser personales o para la gente en general.

Aquí podemos ver lo que realmente conseguimos cuando jugamos, como los premios de lotería y de los juegos de azar.

Debido a que en esta casa vemos todo lo relacionado con los grupos a los que pertenecemos, aquí también se ven los viajes en compañía.

Personas relacionadas con la casa XI

- Círculo de amistades
- Clientes y amigos fijos
- Alumnos fijos
- Hijos adoptivos

- Protectores o mecenas
- Asociaciones voluntarias
- Compañeros de viaje

Parte de la Vivienda

- Lugares abiertos
- Terrazas y balcones

Significados por Casa Derivada.

- Dinero obtenido profesionalmente (II de X)
- Nueras y yernos (VII de V)
- Viajes largos de los hermanos (IX de III)
- Muerte del padre (VIII de IV)
- Hijos del cónyuge (V de VII)
- Dinero de la madre (II de X)

Casa XI	Socialización, amigos, grupos sociales, anhelos y esperanzas, premios por juegos de azar y viajes en grupo

CASA XII

Casa XII

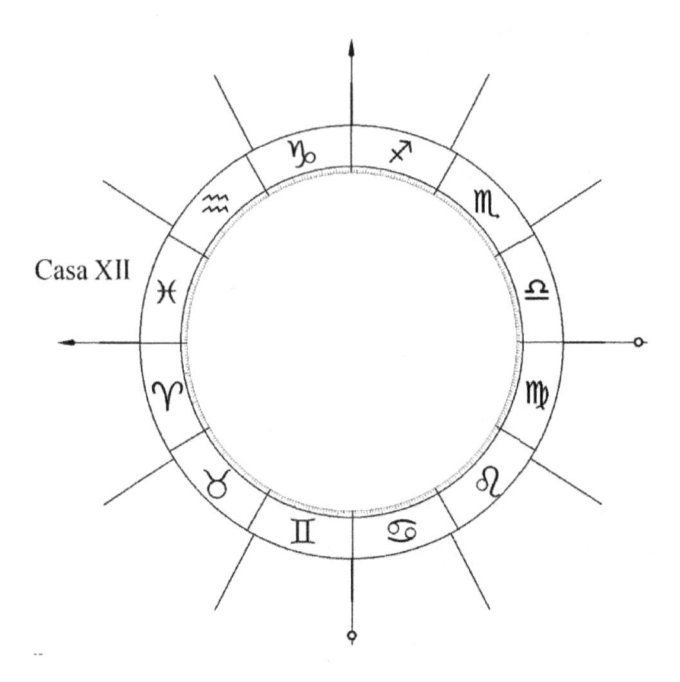

Asuntos Generales:

- Casa Cadente
- Cuadrante: cuarto/Superior-Oriental
- Signo natural: Piscis
- Regente natural: Neptuno/Júpiter Gozo de Saturno
- Afirmación: *"Yo creo / Yo me sacrifico"*

La duodécima Casa, está relacionada con el signo de Piscis, su regente natural es Neptuno y el regente según la astrología tradicional Júpiter. Este es el sector de la vida donde se refleja el estado de la psiquis, los asuntos que conviene mantener ocultos, los secretos, las perdidas, las penas más profundas, los escapismos, los engaños, la parte mística, espiritual, lo que tenemos pero no somos capaces de ver, el proceso de gestación, los enemigos ocultos, las enfermedades crónicas, las cárceles, los hospitales, asilos, monasterios, lugares de retiro y en su mejor vertiente, los hoteles, las pensiones y lugares de vida comunitaria

Es un sector de la carta difícil de describir pues tiene que ver con lo más oculto de la mente, donde el enemigo puede ser uno mismo. Aquí también se observa todas las debilidades, lo que se trata de ocultar. Lo que atenta contra la realización personal.

Este sector también está relacionado con el karma (lo bueno y lo malo), el servicio desinteresado hacia los demás, los planetas que se localizan en este sector invitan a usarlo no solo para sí mismo, sino para ofrecerlos a alguien más. La Casa duodécima se relaciona con el inconsciente colectivo y se pueden vislumbrar tratando de interpretar los planetas que se encuentren allí.

Es también el escenario de los enemigos ocultos, los peores enemigos que son aquellas personas que cuando te dañan ya no tiene arreglo. Todo lo que permita huir de la realidad, se puede analizar en este sector.

Refleja la influencia psíquica derivadas de la gestación, la que se forma desde el útero y de allí se dan todas las vivencias que pudo presenciar la madre y que se trasladan al bebe, conectándose con esta manera con el entorno de una manera inconsciente.

Se relaciona esta Casa con los sitios apartados socialmente, conventos, monasterios, casas de retiro espiritual, psiquiátricos etc., por ello es lógico que en estos sitios se tome contacto con la parte mística-religiosa (iglesias), se recupera la salud (hospitales), se encierra al que haya cometido una falta (cárceles); todas ellas que invitan a la reclusión, encontrar la paz o restablecer bien la conducta o el cuerpo.

Personas relacionadas con la casa XII

- Enemigos secretos
- Acreedores
- Directores de banco
- Prestamistas
- Tíos

Partes de la Vivienda

- Jardines Interiores o patios traseros
- Tendedero
- Habitaciones aisladas

- Hoteles donde nos hospedamos

Significado por Casas Derivadas

- Situación profesional de hermanos (X de III)
- Enfermedades del conyugue (VI de XII)
- Muerte de los hijos (VIII de V)
- Conyugues de los tíos (VII de VI)
- Hermanos de la madre (III de X)
- Dinero de los amigos (II de XI)

| Casa XII | Enemigos ocultos, enfermedades crónicas, la psiquis, privaciones de libertad personal, personas tóxicas. |

10.- LA IMPORTANCIA DE LOS PLANETAS EN CÚSPIDES DE LAS CASAS

El Ascendente es el punto más importante de la carta del cielo de nacimiento, se lo considera el lugar más sensible del cielo personal. En segundo lugar, el Medio cielo es también otro de los puntos sensibles de la carta natal, junto con los dos otros ángulos: el Descendente y el Bajo Cielo. Cada vez que se localiza un planeta en alguno de estos lugares, su influencia se percibe de manera intensa. Además de estos cuatro ángulos de la carta, cada una de las cúspides de las Casas son igualmente importantes y los planetas allí ubicados dejarán notar su significado.

Los doce ángulos del cielo

Un planeta angular, en cualquier carta del cielo, significa que la influencia astrológica o la naturaleza esencial de dicho planeta, será mucho más intensa en esa carta que cualquier otro planeta.

La influencia de un planeta, su impronta, la fuerza con la que expresa su energía varía mucho en función de su "posición domal" es decir por la Casa que ocupa y especialmente por la posición dentro de la misma Casa. No se nota igual un planeta que se localice al final de una Casa que si está al principio o en la cúspide de la Casa.

Se considera que un planeta en la cúspide del Ascendente o en cualquier Casa, tiene 10 astrodinas, mientras que cuando se sitúa a la mitad, sólo tiene 5 astrodinas hasta que ya no tiene fuerza cuando llega a los últimos 6 grados de una Casa, es lo que se denomina "estado de reposo". Esto significa que ya no tiene fuerza para dejar notar su influencia en los asuntos de esa Casa, y cuando está en los dos últimos grados de una Casa empieza a dejar notar su influencia en la siguiente Casa.

Los planetas dejan notar su influencia con mayor claridad cuando se localizan en el Ascendente, pues entonces la naturaleza esencial del planeta tiene el máximo de fuerza para expresar su contenido a través del carácter, del cuerpo y de la conducta. La persona que tenga a un planeta en el Ascendente de la carta del cielo de su nacimiento notará mucho más la influencia de ese planeta en su vida que ningún otro planeta de esa carta natal. Es tan fuerte la influencia de un planeta cuando ocupa el Ascendente que todo lo demás queda en segundo plano. Un ejemplo de ello lo tenemos con mi amigo Pepe Torres un artista, músico violinista que siempre ha actuado junto a una orquesta con más músicos.

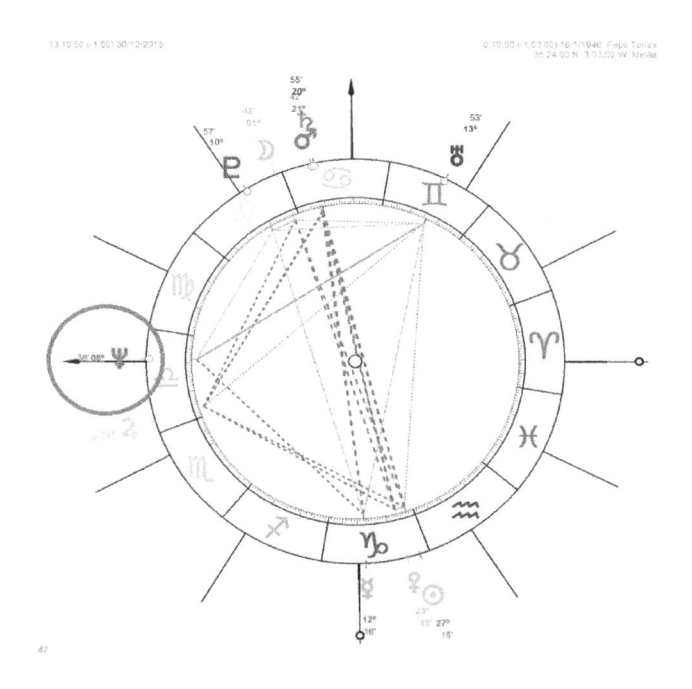

Pepe Torres tiene su Sol en Capricornio, junto a Venus que le da el punto de artista y tiene a Neptuno justo en su Ascendente y toda su vida ha girado en torno a la Orquesta.

De ese modo cuando una persona tiene un planeta justo en su Ascendente la influencia de ese planeta es mucho mayor y tiende a fluir a través de la misma persona y de su aspecto físico, un ejemplo claro lo tenemos en las personas que tienen el planeta Venus en el Ascendente que si está en buen estado cósmico siempre deja su huella en formato belleza, como era el caso de Rita Hayworth que tenía a Venus en el Ascendente en el signo de Libra.

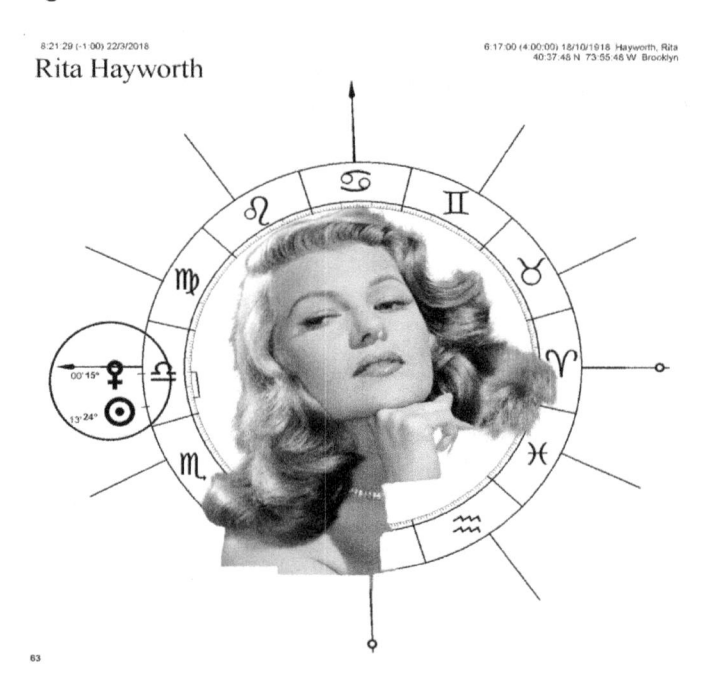

Rita Hayworth

Al igual que Venus, cualquier otro planeta que se coloque en el Ascendente dejará notar su influencia del mismo modo afectando a la forma de vida y al aspecto físico, y cuando más cerca se encuentre el planeta del Ascendente más intensa es su influencia. De igual modo ocurre con la posición de los planetas en las cúspides de las Casas.

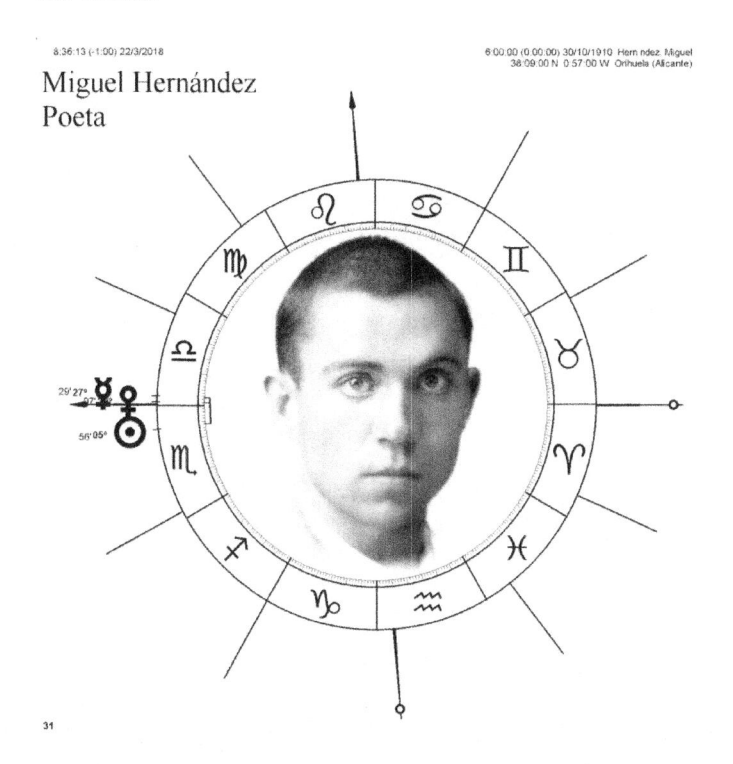

Miguel Hernández
Poeta

Miguel Hernández, el poeta alicantino, tiene al planeta Venus en el Ascendente junto a Mercurio, La combinación Mercurio Venus se escenifico en modo de bellas palabras, poemas y arte teatral.

Las Doce Casas Astrológicas

Humphrey Bogard

Humphrey Bogart tenía a Neptuno justo en el Ascendente y el Sol en la cúspide de la Casa IX. Neptuno es un planeta que tiene mucha relación con el cine y la Casa IX es el escenario de los espectáculos, las misas, el teatro y también el cine, donde Bogart brillaba como pocos actores.

Las Doce Casas Astrológicas

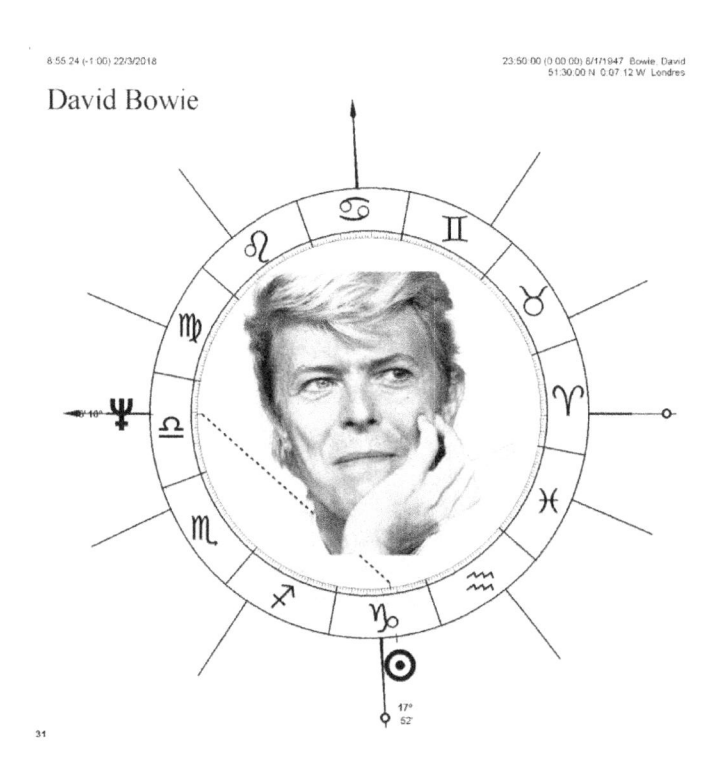

David Bowie

David Bowie también tenía a Neptuno en pleno Ascendente en el signo de Libra dispositado por Venus el planeta del arte, por eso Bowie ha sido una de las grandes estrellas del cine y de la música.

Las Doce Casas Astrológicas

Dustin Hoffman

Júpiter es el planeta regente de Sagitario y por extensión de la casa novena, el escenario de todo tipo de espectáculos, como el teatro o el cine. Júpiter es Zeus-piter, Zeus, deus, divo. Eso es lo que es Dustin Hoffman, un divo del cine, un gran actor. Júpiter es el planeta que influye directamente sobre el teatro y también el cine.

Dr. Farreras Sanador imposición de manos

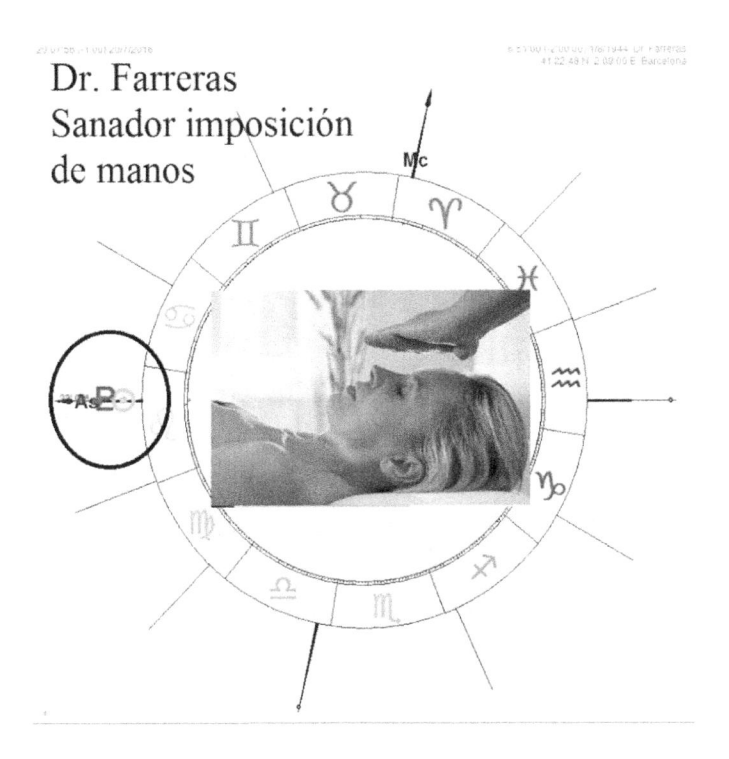

Los planetas que se localizan justo en el Ascendente dejan notar su influencia sí o sí. Plutón en el Ascendente es la marca" del chaman. Quienes tienen a Plutón en ese lugar tienen dotes de sanación por imposición de manos, tiene manos sanadoras, como era el caso del Dr., Farreras que realizaban curaciones por imposición de manos.

Un planeta en la cúspide de la Casa II influye de un modo directo en la economía, dejando una marca que se puede reconocer con cierta facilidad.

De igual manera que se nota un planeta en el Ascendente ocurre igual con los planetas que sitúan en la cúspide del resto de las Casas. Los planetas que ocupan la cúspide o se localizan en los primeros grados tienen más fuerza para manifestar su influencia en los asuntos relacionados con esa Casa.

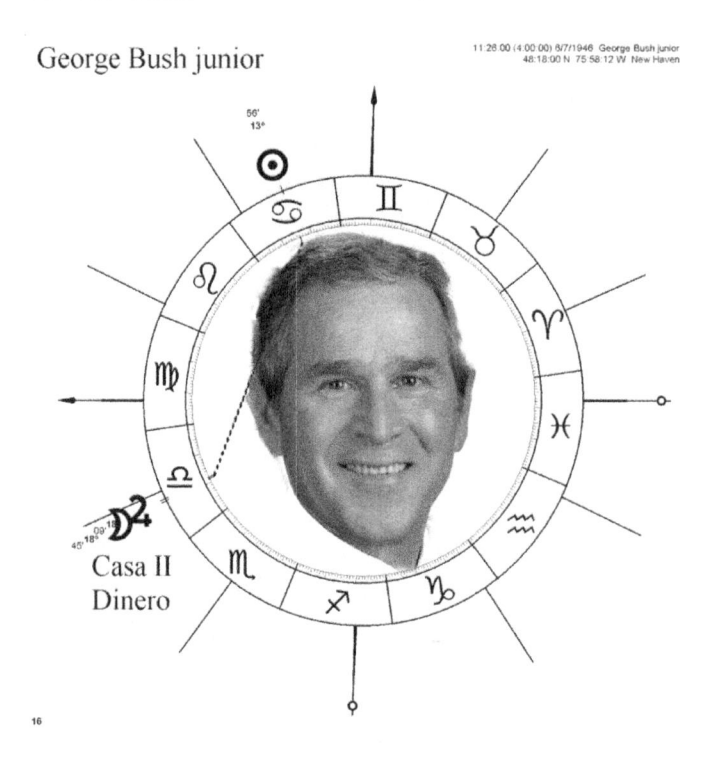

George Bush junior

En el caso de Georges Bush junior, se observa que el planeta Júpiter está muy cerca de la cúspide de la Casa II, junto a la Luna, reflejando de ese modo a una persona de familia muy rica.

Las Doce Casas Astrológicas

Mientras que los planetas que ocupan la cúspide de la Casa III, el escenario que refleja lo que cada persona tiene en su mente, también dejan una profunda huella en la vida de la persona, en función del planeta que se encuentra en ese lugar. Un caso fácil de entender es el del famoso escritor Fernando Sánchez Drago.

Fernández Sánchez Dragó

Quien haya leído Gárgolis y Habidis no conoce bien Fernando hasta que lea Las Fuentes del Nilo, ahí está la vida personal de nuestro enamorado del amor. ¿Qué se puede esperar de una persona que tiene al planeta Venus en la cúspide de la Casa III? El pensamiento incesante sobre el amor le ha llevado a dejarlo todo por el amor de una japonesita veinteañera, así de fuerte es la influencia de Venus cuando ocupa la cúspide de la Casa III.

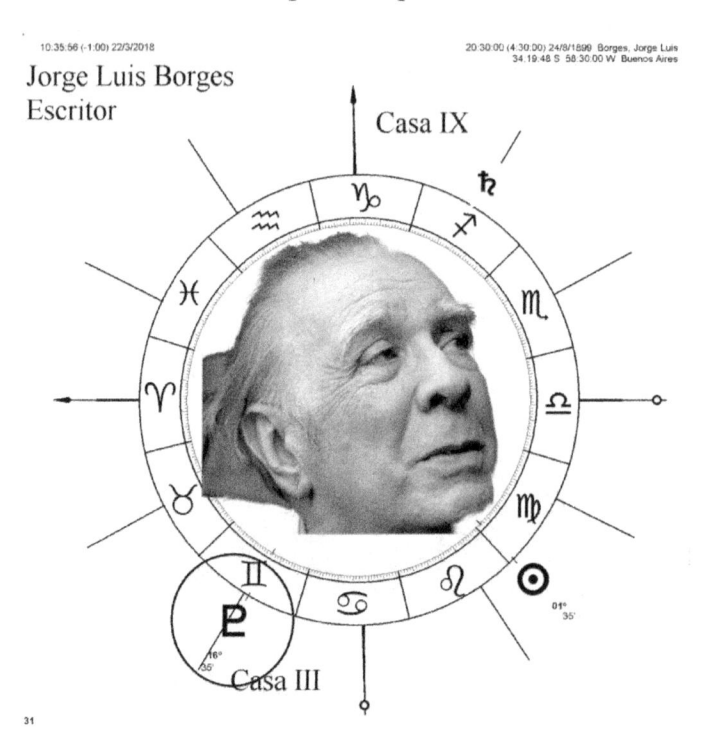

Jorge Luis Borges
Escritor

Jorge Luis Borges es uno de los escritores más reconocidos del siglo pasado y sus escritos son un extenso y profundo recorrido por las experiencias humanas, con dramas teológicos, bestiarios, y todo un compendio de fantasías literarias que refleja muy bien la influencia de Plutón dispositado por Mercurio en la cúspide de la Casa III, el escenario de los escritores. Al mismo tiempo Borges tiene al planeta Saturno en la cúspide de la Casa IX, el escenario de las maestrías, lo que refleja muy bien la cualidad de "erudito" reconocida en este enorme escritor.

Alfred Hichcock

Casa III

El director de cine de suspense y terror Alfred Hichcock, tiene a Neptuno en la cúspide de la Casa III junto a Plutón, de ahí la combinación de cine de suspense y terror.

**Al Capone
Jefe de la Maffia**

La Casa IV es el escenario de la familia, la "mafia" en italiano, y Neptuno es un planeta cuya influencia, aparte del cine y de la música, se escenifica en las actividades grupales de todo tipo. En ese sentido, Al Capone que tenía a Neptuno en la cúspide de la Casa IV era un maestro, el capo de la mafia. Además, el planeta Saturno también es angular en el MC. De ahí su capacidad para controlar y mandar con los mafiosos.

Las Doce Casas Astrológicas

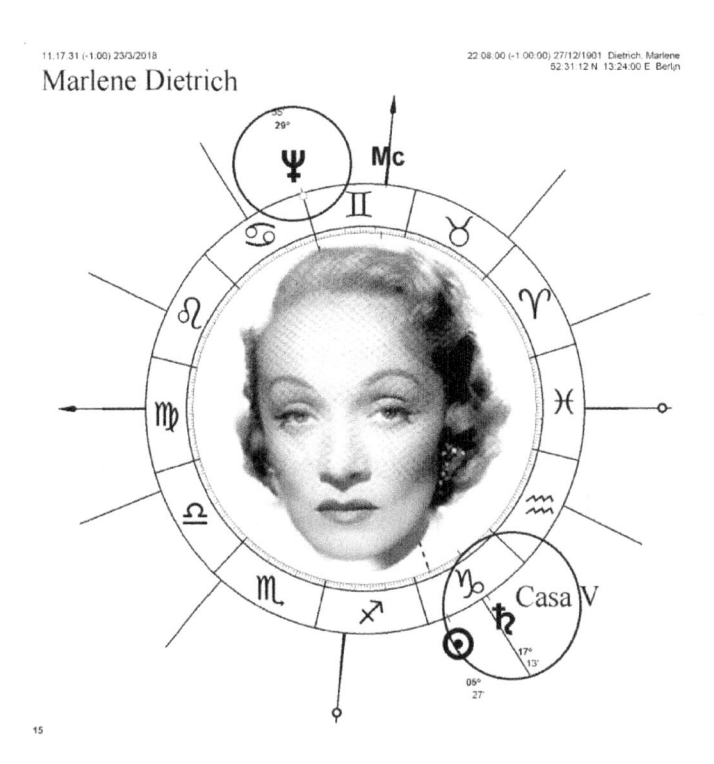

Marlene Dietrich, aparte de ser una gran artista de cine, donde se destaca la influencia de Neptuno en la casa X, el escenario de la profesión, tiene al planeta Saturno en la cúspide de la Casa V, el escenario de los hijos y los amores donde Marlene es conocida por su contenida vida sentimental y por tener una sola hija que al final acabó hablando mal de ella, propio de un Saturno en la cúspide de la Casa V.

Cristina de Borbón

Los planetas angulares dejan notar su influencia de un modo más intenso que cuando se localizan en otro lugar. Un caso fácil para comprender esta influencia es el de la Infanta Cristina que tiene varios planetas angulares donde destaca Saturno en la cúspide de la VII opuesto a Plutón en el Ascendente y cuadratura con Júpiter en el MC. Fíjate tú la desgracia que se le ha venido encima a esta mujer a causa de su pareja.

Rober Graves Simbología y mitología

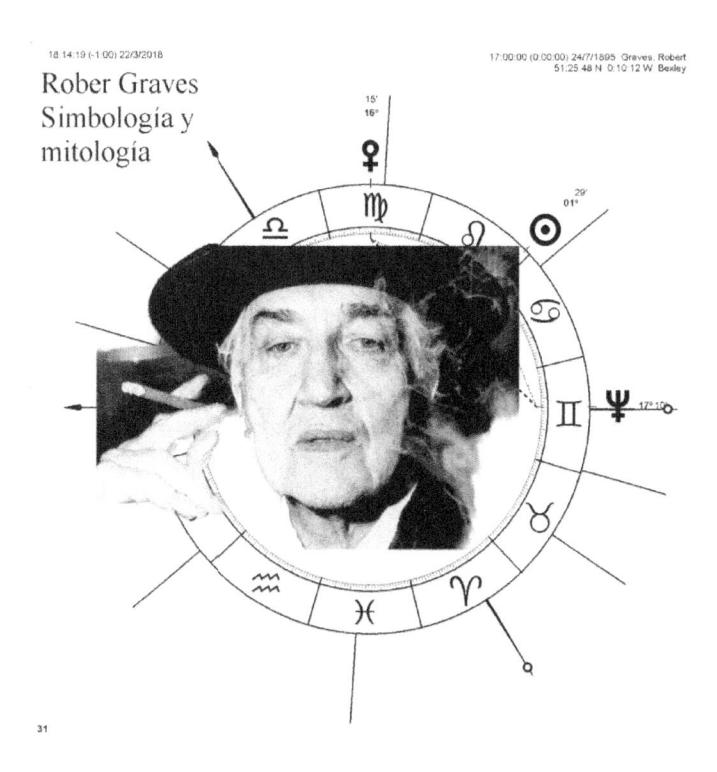

Robert Graves es uno de los mejores escritores sobre simbología y mitología, temas éstos que tienen una íntima relación con la influencia del planeta Neptuno que se encuentra angular frente al Ascendente. En este caso la influencia que emana del planeta Neptuno ha fluido a través de sus escritos de mitos y símbolos.

Las Doce Casas Astrológicas

Emilio Botín Banquero

Casa VIII

Casa II

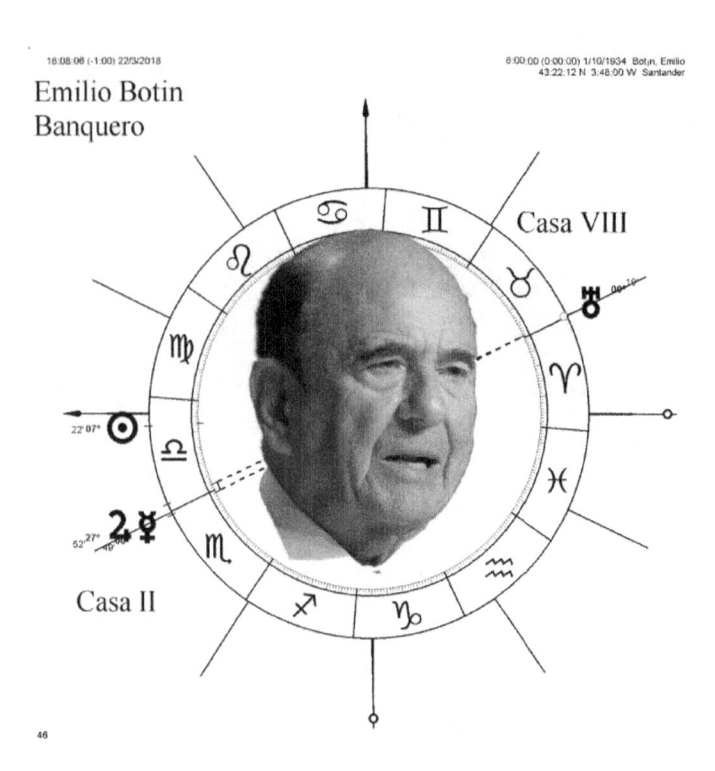

Emilio Botín, el banquero más moderno que ha tenido España en los últimos años, tenía dos planetas angulares; Mercurio en la cúspide la II y Urano en la cúspide de la Casa VIII, reflejando de ese modo la revolución económica que ha vivido este hombre.

La Casa IX es el escenario donde se celebran las misas, el mismo en que se celebran las representaciones teatrales y cualquier tipo de espectáculo de masas, como es el cine.

Katharine Hepburn

La actriz de cine y de teatro Khaterine Hepburn es un buen ejemplo de la influencia de los planetas angulares. Neptuno y Júpiter se localizan juntos en la cúspide de la Casa IX, como resultado de ello han quedado de testigo 44 películas y 33 obras de teatro a lo largo de su carrera artística.

Por otro lado, la Casa IX es el escenario de los escenarios, el lugar donde se escenifican toda clase de espectáculos, incluyendo los espectáculos deportivos.

Maradona

7:00:00 (3:00:00) 30/10/1960 Maradona, Diego Armando
34:19:48 S 58:30:00 W Buenos Aires

Casa IX

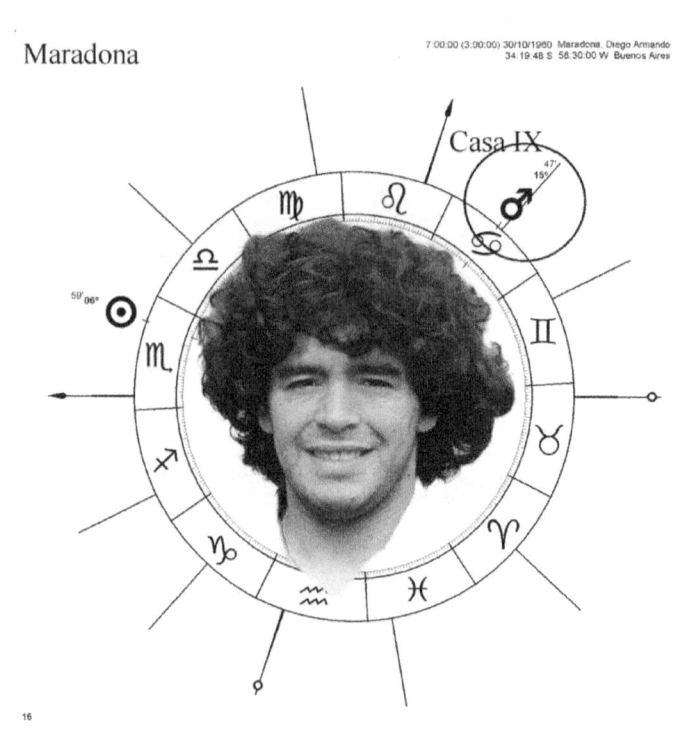

Diego Armando Maradona, el afamado futbolista argentino, era en sí mismo un espectáculo como jugador de fútbol. Marte en la cúspide de la Casa IX dejó notar su influencia de esta manera. Son mucho los grandes deportistas que tienen a Marte en la IX.

La Casa X es el escenario donde sale a la luz lo profesional, el oficio más elevado de cualquier persona, y cuando hay un planeta en esa Casa, especialmente en la cúspide, o el Medio cielo, su influencia se deja notar de algún modo.

Mario Cabré
Actor y torero

El caso de Mario Cabré, siendo un caso excepcional, nos sirve como ejemplo de la influencia de Marte en la cúspide de la Casa X o el ángulo del MC. Este hombre era actor, pero también era matador de toros, es decir torero, muy propio de la influencia de Marte angular en su exaltación de Capricornio.

Las Doce Casas Astrológicas

Nietzsche

No se me ocurriría pensar en que Nietzsche ejerciera de torero por tener el planeta Marte en el ángulo del Medio Cielo, pero algo de matador si tenía. En este caso Marte desde el ángulo del MC forma oposición con Júpiter en la cúspide la Casa IV, el escenario de los finales, entre otras cosas. "¿Dónde está Dios? Yo te lo voy a decir. Lo hemos matado, tú y yo. Todos nosotros somos sus asesinos." Con Nietzsche muere Dios y nace el superhombre.

Mahatma Gandhi

Otro ejemplo claro de la intensidad con la se nota la influencia de un planeta cuando es angular, es el caso de Mahatma Gandhi, cabeza de la mayor rebelión habida en contra del Imperio Inglés. La influencia de Urano en el MC se escenificó en su lucha por la independencia de la India, Júpiter angular en la VIII también dejó notar su influencia en las huelgas de hambre que dejaron a este hombre a las puertas de la muerte. Finalmente fue un rebelde victorioso, propio de la influencia de Urano en el MC.

Las Doce Casas Astrológicas

Ben Laden

En la carta del cielo del Ben Laden se observan dos planetas angulares; Urano en el Mediocielo, igual que lo tenía Gandhi y el planeta Neptuno en el Ascendente, reflejando de ese modo a una persona rebelde que se mueve o forma un colectivo en torno a su persona. La influencia de estos planetas transpersonales se dejó notar en la vida de este hombre que sin duda causó una gran sorpresa en el mundo.

Las Doce Casas Astrológicas

José Feliciano
Músico Compositor
Ciego.

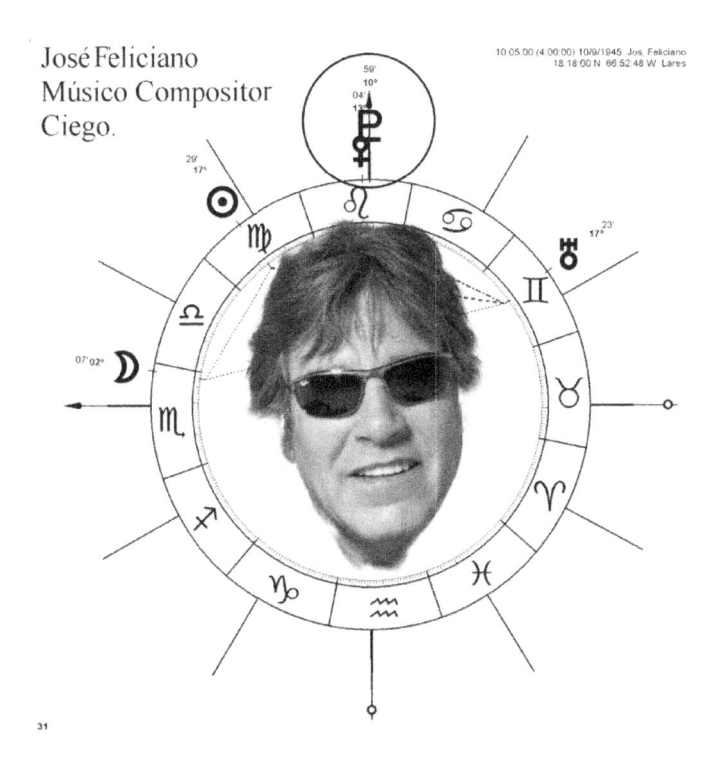

En el caso del músico y compositor ciego José Feliciano, la posición de Venus y Plutón en el ángulo del MC dejaron notar su influencia del modo en lo conocemos, como un artista descomunal. Su ceguera se refleja en la figura de Crampón entre el Sol y la Luna, que es el ojo derecho y el ojo izquierdo, con Urano, que es el significador de la vista, y está en la Casa VIII, el lugar de las pérdidas.

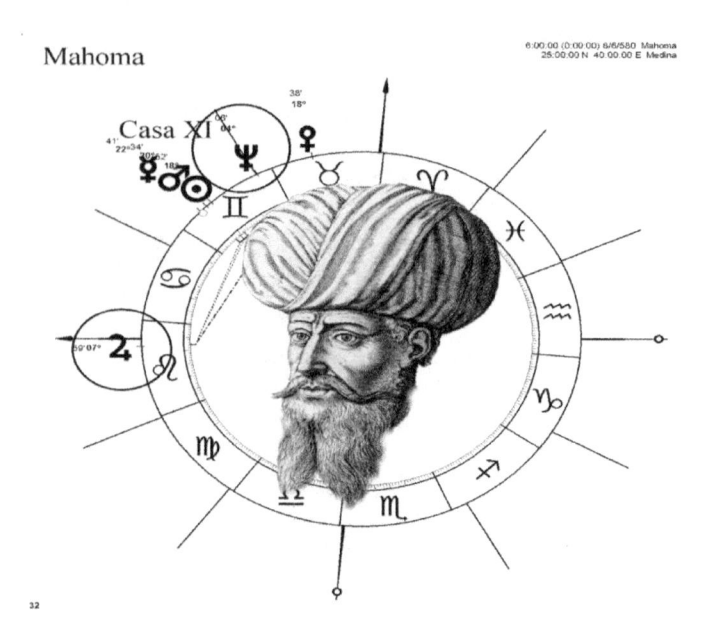

Mahoma, el profeta del islam, tenía a Neptuno justo en la cúspide de la Casa XI el escenario de los amigos y seguidores, además del Sol, Mercurio y Marte, en un sector donde se escenifican los viajes en compañía de…. Si le añadimos la influencia de Júpiter en la cúspide de la I, se comprenderá el movimiento religioso que originó.

La Casa XII es un escenario muy especial, en ese sector se escenifica todo aquello que es íntimo y secreto, es el patio donde se tiende la ropa que estaba sucia, lo que se hace de manera oculta y todo aquello relacionado con lugares como los hospitales y las enfermedades.

Charles Chaplin

Charles Chaplin tenía a Urano en la cúspide de la Casa XII en el signo de libra "dispositado" o a las órdenes del planeta Venus y los asuntos que le competen como las relaciones sentimentales. Chaplin tuvo sus amores secretos, su originalidad en esos temas dejo huella en su vida, casándose con una chica de 18 años, con la que mantenía relaciones, cuando él tenía 52 años.

Las Doce Casas Astrológicas

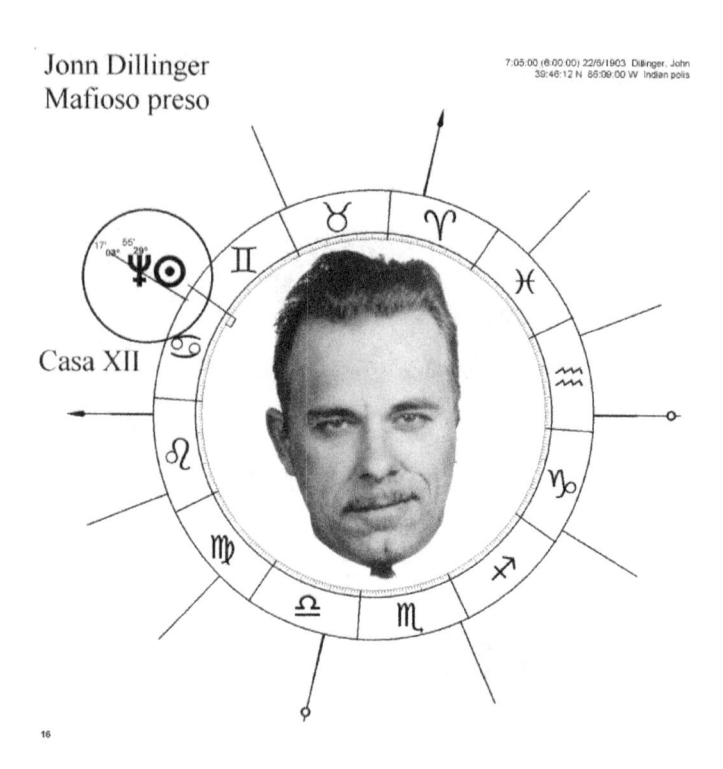

Jonn Dillinger
Mafioso preso

En el caso del famoso mafioso norteamericano John Dillinger, la influencia de Neptuno en la cúspide de la Casa XII, además de reflejar los oscuros grupos con los que se relacionaba, también anuncia su periodo de vida penitenciaria.

Alexander Fleming
Penicilina

Casa XII

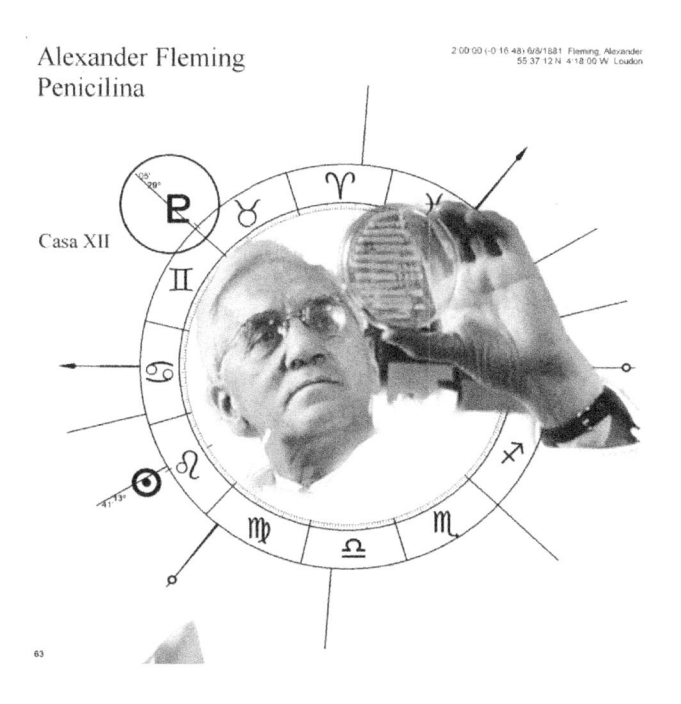

En el caso del investigador AlexanderFleming, la influencia de Plutón en la cúspide de la Casa XII, el escenario de las enfermedades se escenificó como el descubrimiento de la penicilina, unos pequeños hongos propios de Plutón, capaces de "matar" las bacterias patógenas que originan la mayor parte de las enfermedades.

Y de este modo cada vez que nos encontremos con un planeta en la cúspide de una Casa, conviene pensar que la naturaleza de ese planeta dejará notar su influencia de un modo especial, por encima de lo normal. Eso es válido para observar las cartas natales y también las cartas de la revolución.

11.- CASAS CON SIGNOS INTERCEPTADOS

Una Casa con un signo interceptado:

Una Casa suele estar ocupada por un signo zodiacal o dos, y en ocasiones hay tres signos en la misma Casa, originando lo que se conoce como un signo interceptado.

El signo interceptado contiene un material que no se aprecia en primera instancia, pero que cuando se conoce, lo que contiene el signo interceptado es de máxima importancia en la vida de cualquier persona.

Un signo interceptado va acompañado de otro signo igualmente interceptado en la Casa opuesta, ambos se relacionan directamente.

PLANTEAMIENTO GENERAL

Cada signo tiene 30 grados. Mientras que las casas, pueden tener diferentes tamaños. Cuando las latitudes son más altas, es decir se alejan del Ecuador terrestre, el tamaño de las Casas varía sustancialmente; siendo posible que existan casas con más de treinta grados pudiendo estar todo un signo dentro de ellas. A esto se le denomina "Signo interceptado"; es decir, no existe ninguna cúspide de casa que tenga a ese signo como partida, están totalmente encerrados en una casa.

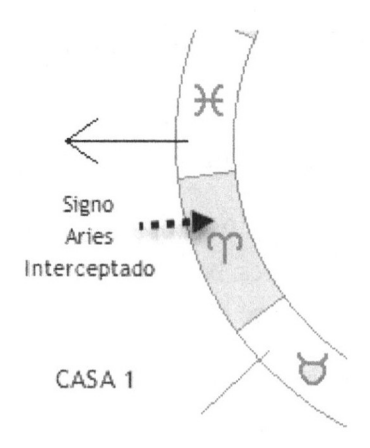

De igual forma, existirán Casas menores de treinta grados, donde estará el mismo signo en dos cúspides consecutivas. A esta condición de la llama "Casas interceptadas"

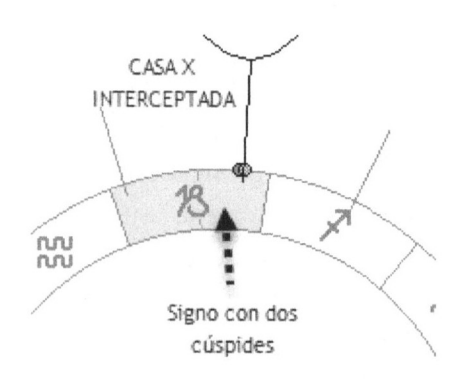

¿Cómo se podrían determinar los efectos que generarían estos signos interceptados y/o como se pudieran interpretar dos casas con cúspides similares por signo?

Cuando un dar de signos (cuando un signo esta interceptado, también lo está su opuesto) está interceptado, existe una energía retenida, hay un bloqueo. Mientras cuando se trata de casas, es como que para desarrollar un área de la vida (la interceptada) deberá pasar por otras áreas.

El reto de la vida de una persona con signo interceptado es la ruptura de la energía asociada a esos signos, el eje trabaja como pareja. Ejemplo Aries-Libra, La agresividad del primero con el equilibrio del otro. Si estuviera el signo reprimido en casa 2, por ejemplo, la persona tendrá que utilizar los recursos de otros para desarrollar los propios.

En el caso de signos con dos cúspides (Casas interceptadas) la duplicaciónón de los signos, proporcionarán otras formas de salir.

La presencia de planetas dentro de signos y/o Casas interceptada tiene una particular importancia. Características de estos; es decir, su potencial no fluye de forma natural. Su influencia se manifiesta a través del regente de la cúspide de la Casa y el regente del signo interceptado.

SIGNOS INTERCEPTADOS

EJE ARIES-LIBRA

Dificultad para construir una posición sólida y duradera, y/o establecer formas de asociación. Dificultad a la hora de asumir responsabilidades.

Aries interceptado hace difícil tomar medidas. El signo anterior, Piscis en la cúspide de la casa facilita el soñar despierto en el área de la vida gobernada por la casa. La toma de decisiones tiende a postergarse. Piscis es soñador y pacífico. Aries es agresivo y al encontrarse interceptado hace difícil ser asertivo en el área de la vida indicada por la casa donde se encuentra. Piscis tiende a evitar la confrontación. Al estar este eje interceptado se incrementa la presión emocional y con frecuencia explotan, haciendo algo fuera de control generalmente.

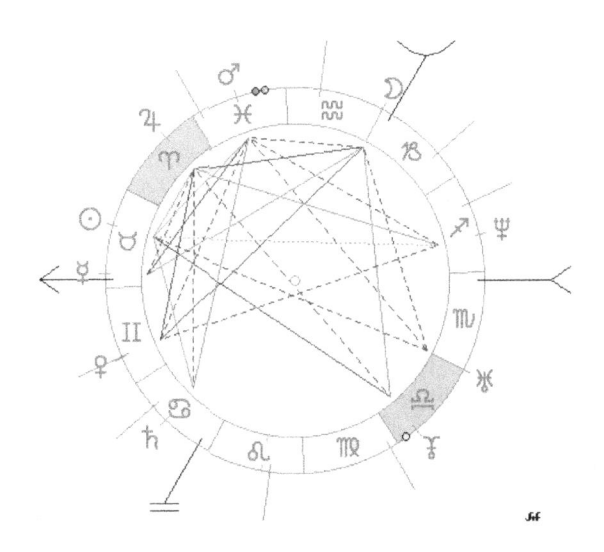

La carta de David Beckham, atleta, capitán de la selección inglesa de futbol.

Marte regente de Aries, signo interceptado en casa XII, está en Piscis, signo que rige la casa, pero en la región XI, donde se manifiestan las magnitudes, expresa su energía Ariana a través de su regente. Pero en ocasiones puede estar bloqueado como fue el sonado caso cuando en una exhibición en 1998 podría haber costado a Inglaterra la Copa Mundial de la FIFA después de que Beckham fuera expulsado del campo por patear a un jugador rival.

La salida a estas energías interceptadas, la representan Venus y Marte, su signo y aspectos.

EJE TAURO-ESCORPIO

En este caso puede existir una tendencia materialista obsesiva por el dinero, el alimento, la sexualidad, egoísmo y angustia.

Aries y Libra constituyen los signos de acción, pues aparecen en las cúspides de las casas donde estos signos están atrapados, demostrando que a las personas les puede ser fácil iniciar las cosas. Tauro se asocia con los valores, y el deseo de acumular lo que se valora. Escorpio se relaciona con los valores compartidos, y también es el signo de la eliminación. Cuando las posesiones ya no son útiles, Escorpio se desprende de ellos. Al estar estos signos interceptados, la polaridad natural se rompe. En la casa donde esta Tauro interceptado, hay la tendencia a acumular y rara vez eliminar. Desde Aries el signo en que comienza la casa, generalmente no hay problemas para iniciar las cosas.

El ejemplo a continuación se trata de una prostituta (Fuente: astrodatabank) donde se puede observar al signo de Tauro interceptado en la casa V, relacionada con los romances. Le es fácil iniciar un romance y lo desecha con también con facilidad. La energía podría ser liberada por los regentes de las casas V y XI, pero ambos están también interceptados en la casa XI, por lo tanto, puede explicarse su popularidad y sexualidad en grandes grupos sin generar relaciones de apego con ninguna de ellas. Saturno regente del ascendente también interceptado en Tauro y opuesto a la energía potencial de liberación. Muy difícil de terminar con su profesión.

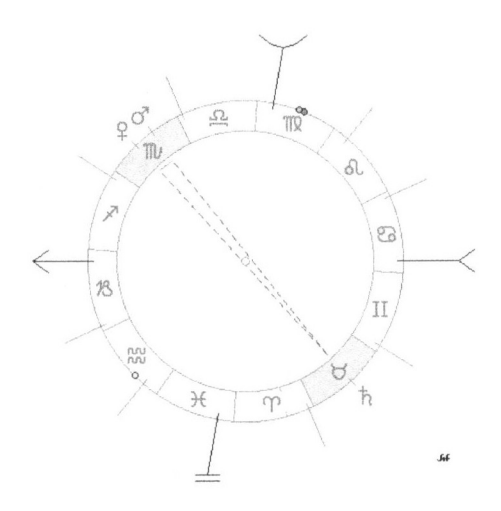

EJE GÉMINIS – SAGITARIO

Cuando este eje esta interceptado se pueden generar problemas de comunicación, estudios difíciles, perturbación, dificultades para hacerse comprender y expresarse. Géminis es el signo de la curiosidad, el que nos da la habilidad de informarnos rápidamente y de forma objetiva, mientras que Sagitario es el signo de las generalidades.

Cuando Géminis esta interceptado, esa casa se llena de todo tipo de informaciónón inútil y en el caso de Sagitario se hace difícil discriminar entre los hechos que son significativos y los que no. Hay que estudiar el signo, la casa, y los aspectos de Mercurio y Júpiter. Estos pueden indicar posibles soluciones.

EJE CANCER – CAPRICORNIO

Con este eje interceptado pueden surgir dificultades familiares (Cáncer), rechazo de formar un hogar o tener alguna otra responsabilidad. El signo de Capricornio nos nuestra las ambiciones y la capacidad para actuar en el mundo. Cuando se encuentran interceptados, es posible que no se tengan problemas para hablar (géminis en la cúspide) acerca de lo que vamos a hacer. La dificultad está en llevarlo a cabo.

Con Cáncer interceptado, nuestra expresión emocional se vuelve inadecuada. Con Capricornio cuando se encuentra interceptado, nuestra capacidad para organizar y controlar aparece bloqueada. Tanto la Luna como Saturno, nos podrán ayudar a sacar estas energías a flote en función del signo y casa donde se encuentren en nuestro mapa natal.

EJE LEO- ACUARIO

Este eje interceptado tiene un significado de dificultades para hacer amistades, de expresar capacidades creativas, falta de afirmaciónón del yo, no sería más que un excéntrico, rebelándose sólo por el bien de rebelarse.

En la Casa donde Leo se encuentra se hace difícil llamar la atención para obtener aplausos, mientras que en la de Acuario la dificultad será en ser original y diferente. El Sol y Urano, los regentes de los signos interceptados, podrían mostrar el camino para salir de estas dificultades.

EJE VIRGO- PISCIS

Virgo y Piscis interceptados puede traer dificultades para entregarse al servicio de los demás y a la búsqueda interior. A ser menos lento, cuidadoso y meticuloso.

En la casa que contiene Piscis tenemos grandes dificultades para discriminar, distinguir la diferencia entre las metas alcanzables y la fantasía total. La Casa de enfrente es donde podemos ser muy críticos y cínicos, sabiendo el precio de todo y el valor de nada. Estudiar a Mercurio y Neptuno, nos ayudara a sortear estas dificultades.

CASAS INTERCEPTADAS

Cuando existen las casas interceptadas, pudiéramos hablar de regalías especiales, ya que podemos trabajar con energías conocidas en dos ámbitos de la vida.

Por ejemplo, si se tiene el mismo signo en la cúspide de la V y VI podemos esperar que la persona se pueda enamorar (V), de su labor (VI) o que su trabajo llega a ser un sustituto del amor.

Casa I con Casa II: La persona consigue beneficios por su forma de ser; y puede fijar su propia escala de valores; poniendo mucho énfasis en el confort material.

Casa II con Casa III: La comunicación y/o medios de transporte producen beneficios; sus ingresos o posesiones pueden estar influenciados por ellos (transportes): También pudiera relacionarse con negocios junto con un hermano o hermana.

Casa III con Casa IV: Un pariente puede tomar el lugar de los padres; o tener una infancia muy movida con cambios de escuela o de casa o de hermanos o hermanas que comparten el hogar; la comunicación o expresión de la persona puede ser más fácil en el hogar.

Casa IV con Casa V: Los hijos viven en el hogar paterno, es una persona creativa en un ambiente hogareño. Pudiera ser un trabajador que utiliza su creatividad o ingenio en casa. Por ejemplo un técnico que trabaja on-line desde su casa.

Casa V con Casa VI: El trabajo es de naturaleza creativa; a través de su labor puede prestar servicio a la gente joven también se puede relacionar con trabajos en ámbitos deportivos.

Casa VI con Casa VII: Esta persona puede trabajar con su cónyuge o lo hace en sociedad.

Casa VII con Casa VIII: Se puede llegar lejos en la política con el apoyo y respaldo (8) del público (7); emprender negocios en sociedad; puede heredar dinero del cónyuge o socio.

Casa VIII con Casa IX: La persona con esta característica en su carta natal puede ser un especialista en finanzas o un importante magnate financiero; También pudiera relacionarse con el tener una fuerte afición o enseñar temas relacionados con lo psíquico, misticismo u ocultismo.

Casa IX con Casa X: Se puede viajar mucho por asuntos profesionales; la educación o las leyes son asuntos que pueden representar un rol significativo en su ocupación; unido a un padre nacido en el extranjero o un extranjero que le puede ayudar en su carrera.

Casa X con Casa XI: Los amigos y las relaciones sociales pueden ayudar a esta persona en su profesión u ocupación; se pudiera pensar también en algún cargo público, político o militar.

Casa XI con Casa XII: Este tipo de persona a menudo se dedica a una labor de caridad o un trabajador social. Se siente cómodo trabajando humildemente o de manera estrictamente reservada.

Casa XII con Casa I: Esta persona tiene una gran fuerza interna de lo que cree, su personalidad necesita ser más definida y concreta.

A manera de ejemplo veamos la carta natal de Paul McCartney, donde puede observarse que las cúspides de la casa 9 y casa 10, están en Sagitario. Júpiter su regente, en la casa 4. Es evidente que este personaje supo aprovechar sus dones de músico-comunicador de masas para convertirse en un icono mundial y romper todos los paradigmas hasta ese entonces existía en materia musical. La presencia de Urano/Saturno/Mercurio/sol/Júpiter en ese Géminis/Sagitario le da toda la fuerza a su carrera artística.

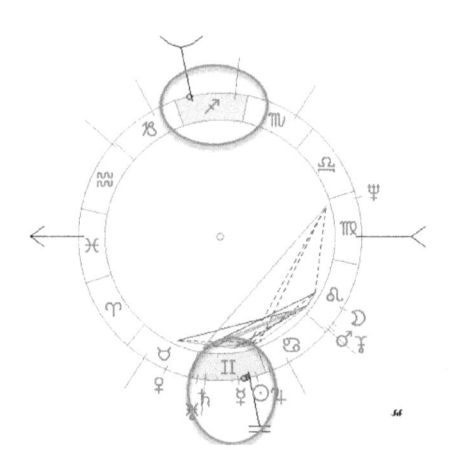

CASAS CON SIGNOS INTERCEPTADOS

Primera y Séptima Casa: El problema son las zonas "presentar" a ti mismo (casa 1) y asociaciones (casa7). La naturaleza de los signos interceptados se muestran las zonas con problemas.

Segunda y Octava Casa: Debe trabajar en la actitud hacia el dinero, posesiones, valores personales, y, más importante aún, su sentido de auto-valor. Por el otro lado, las áreas problemáticas son su actitud hacia el sexo y la sexualidad en general, así como la forma en que te relacionas con los valores de todos los grupos a que pertenecen. También podría haber problemas con la herencia o asuntos de impuestos.

Tercera y Novena Casa: Problemas con las comunicaciones y el transporte (casa 3). También podría haber dificultades con la educación (casa 9) y con los hermanos (casa 3).

Cuarta y Décima Carta: Estas son las casas de sus padres. Casi todo el mundo tiene problemas con sus padres, sin embargo, muestran la forma en particular que estos problemas con los padres tienden a tomar. También podría haber dificultades con vida en el hogar en general. Los primeros problemas con los padres podría repetir más tarde en la vida en la relación con el "jefe" y los problemas en carrera.

Quinta y Undécima Cas: Algo se bloquea en las áreas de romance, los niños, la creatividad y la diversión (casa 5). En la undécima casa, los problemas son con los amigos y la amistad, así como con sus "deseos y esperanzas."

Sexta y Duodécima Casa: Muestra los posibles problemas con el trabajo, las relaciones.

Made in the USA
Columbia, SC
19 February 2021